hänssler

Grenzenloses Israel

Ein Land wird geteilt

von Haim Heinz Reusch
und Johannes Gerloff

Haim Heinz Reusch lebt seit 1970 in Israel. Seit 1991 ist er israelischer Staatsbürger. Er ist staatlich anerkannter Reiseleiter, verheiratet und hat drei erwachsene Kinder.

Johannes Gerloff lebt mit Frau und fünf Kindern seit 1994 in Israel. Er arbeitet als Nahost-Korrespondent des Christlichen Medienverbundes KEP und der Nachrichtenagentur **www.israelnetz.com**.

2. Auflage 2006
Hänssler-Taschenbuch
Bestell-Nr. 394.197
ISBN 3-7751-4197-9

D-71087 Holzgerlingen
Internet: www.haenssler.de
E-Mail: info@haenssler.de
Umschlaggestaltung: Arne Claußen
Titelbild: Johannes Gerloff
Satz: Vaihinger Satz + Druck, Vaihingen/Enz
Druck und Bindung: Ebner & Spiegel, Ulm
Printed in Germany

ecpa International Member of the Evangelical Christian Publishers Association

INHALTSVERZEICHNIS

Israel ist ein besonderes Land mit einer einzigartigen Geschichte. Drei Kontinente treffen hier aufeinander. Ägypter, Babylonier, Assyrer, Perser, Griechen, Römer und viele andere Großmächte bis hin zu Osmanen und Briten haben ihre Spuren hinterlassen. Juden, Christen und Muslime bezeichnen das Land zwischen Jordan und Mittelmeer als Heiliges Land, haben es für sich beansprucht und ihre Heiligen Stätten gebaut.

Seit die römische Weltmacht das jüdische Volk im 2. Jahrhundert nach Christus endgültig aus seinem Lande vertrieben hat, unterlag das Land Israel fremden Herrschern. Die alten biblischen Städte lagen in Trümmern. Heiden und Christen haben das jüdische Volk in den ersten Jahrhunderten unserer Zeitrechnung nicht nur von seinem Land vertrieben, sondern auch seine Rückwanderung verhindert. Von Blut getränkt blieb das Land Israel verlassen, verödet, versumpft, verwüstet und verachtet liegen. Lediglich christliche und jüdische Pilger berichteten im Laufe der Jahrhunderte von abenteuerlichen Reisen.

Nur das jüdische Volk, in alle Welt zerstreut, hat sich immer nach Zion zurückgesehnt und täglich um seine Rückkehr gebetet. Einige wenige machten sich auch auf, um das ersehnte Land zu erreichen. In den jüdischen Zentren des Landes, in Hebron, Jerusalem, Tiberias oder Safed, hat es selbst in Zeiten christlicher und muslimischer Fremdherrschaft jüdische Gemeinden gegeben.

Vor allem wegen der ständigen Diskriminierung in Europa im Mittelalter gab es immer wieder Einzelne, Sippen oder auch Schülergruppen mit ihren Lehrern, die ins Land Israel kamen und sich in den bestehenden jüdischen Gemeinden niederließen.

Nach den Kreuzzügen des Mittelalters zeigten erst Mitte des 19. Jahrhunderts vor allem gläubige Christen ein neues Interesse am Land Israel. Christliche Organisationen bauten moderne Pilgerherbergen und Krankenhäuser, Waisenhäuser und Schulen nach europäischem Standard für die Einheimischen. Westliche Länder entsandten Diplomaten, um die Missionare zu schützen. Die katholische Kirche richtete in Jerusalem ein Patriarchat ein, um den Einfluss der Protestanten einzuschränken.

Der Antisemitismus setzte gleichzeitig die Juden Europas, besonders in Russland, zunehmend unter Druck. Viele suchten Freiheit und ein neues Leben in Amerika. Das jüdische Volk hatte aber sein eigenes Land nie vergessen. Es träumte von Zion, sehnte sich nach Jerusalem und brachte dies in Gebeten und Liedern zum Ausdruck. So machten sich immer mehr Juden auf den Heimweg in das Land ihrer Väter, was zur ersten Einwanderungswelle (1882-1904) führte. 1.800 Jahre Verfolgung, Unterdrückung, Ausrottungsgefahr und Assimilationsversuchung hatten das Volk Israel nicht vernichten können. Das jüdische Volk hat Kreuzzüge, die spanische Inquisition und die deutsche Endlösung überlebt.

All jenen, die dieses Volk totgeglaubt oder totgewünscht hatten, zum Trotz bekennt der berühmte russische Schriftsteller Leo Nikolaiwitsch Tolstoi im Jahre 1908:

Der Jude ist das Sinnbild der Ewigkeit. Er, den weder Blutbad noch Folter über tausende Jahre zerstören konnte. Er, den weder Feuer noch Schwert noch die Inquisition vom Erdboden ausrotten konnte. Er, welcher der Erste war, der die Wunder Gottes erlebte. Er, der für so lange Zeit der Hüter der Prophetie war und sie dem Rest der Welt vermittelt hat. So eine Nation kann nicht zerstört werden. Der Jude ist so ewig wie die Ewigkeit selbst.

Tolstoi erlebte mit, wie sich das jüdische Volk aufmachte, um in seine uralte Heimat zu ziehen. Volk und Land kommen wieder zusammen.

Weil man sie nirgends in Ruhe leben ließ, sind Juden wieder in ihre alte Heimat, das Land Israel, zurückgekehrt. Die Väter der zionistischen Bewegung hatten andere Möglichkeiten für einen jüdischen Staat in Erwägung gezogen, beispielsweise Uganda, die sich aber alle zerschlagen haben. Nach dem Ersten Weltkrieg blieb allein das britische Mandatsgebiet Palästina, in dem sich nach der Staatsgründung 1948 die Politiker Israels um eine sichere Heimat, einen Zufluchtsort für ein verfolgtes Volk, bemühten. Aber auch im Land Israel kommen die Juden nicht zur Ruhe.

Mit den Europäern und Juden strömten verarmte Araber aus den umliegenden Wüsten in das Israelland, um Arbeit und Brot zu finden. Das versumpfte und verkarstete Land, von dem die arabischen Bewohner des

Orients vor etwa mehr als hundert Jahren noch kaum etwas wissen wollten, wurde interessant. Von Anfang an haben Araber die jüdischen Einwanderer bekämpft. In den 20er und 30er Jahren führte alter Judenhass zu Pogromen an der alteingesessenen jüdischen Bevölkerung. Heute muss sich der Staat Israel gegen den arabischen Nationalismus und einen fanatischen Islam zur Wehr setzen. Man spricht mittlerweile von einem Hundertjährigen Krieg.

Dabei steht immer wieder die Landfrage im Mittelpunkt. Im letzten Jahrhundert wurden wiederholt Versuche zur Lösung dieser Frage unternommen, detaillierte Pläne für eine Teilung des Landes erstellt. Skizzen, Vorschläge und Pläne aus einem Jahrhundert, die in diesem Buch vorgestellt werden, legen Zeugnis ab von den Bemühungen, das Land zu teilen und so zu einer Lösung des Jahrhundertkonflikts im Nahen Osten zu kommen.

Bislang hat die arabisch-palästinensische Seite alle Teilungsvorschläge von Briten, Juden, Amerikanern und Israelis abgelehnt und bekämpft, angefangen vom UNO-Teilungsplan vom November 1947, bis hin zu dem Angebot, das der israelische Premierminister Ehud Barak unter dem Druck von US-Präsident Bill Clinton im Juli 2000 an Jasser Arafat machte. Immer wieder betonen Araber, dass ganz Israel besetztes Palästina ist, und dass alle besetzten arabischen Gebiete befreit werden müssten. »Gemäßigte« arabische Politiker wollen mittlerweile zwar offiziell die Waffenstillstandslinien von 1949 – bekannt als »grüne Linie« oder »Grenzen von 1967« – anerkennen, betonen aber gleichzeitig ein

Rückkehrrecht aller palästinensischer Flüchtlinge an ihre ursprünglichen Wohnorte, was letztlich einer demographischen Auslöschung des jüdischen Staates Israel gleichkäme.

Die Zwei-Staaten-Lösung gehört heute weltweit zum Konsens. Der amerikanische Präsident George W. Bush hat sich dazu im Sommer 2003 bekannt und es gibt kaum noch israelische Politiker, die einen Palästinenserstaat grundsätzlich für vermeidbar halten. De facto ist das Restgebiet des britischen Mandatsgebiets Palästina, das ursprünglich auch das heutige haschemitische Königreich Jordanien einschloss, seit 1967 in den Staat Israel und die »besetzten Gebiete« geteilt. Seit dem Bau der israelischen Sperranlage, von der Arabischen Liga und dem Internationalen Gerichtshof in Den Haag als »Apartheid-Mauer« verurteilt, von Israel als »Anti-Terror-Zaun« vorangetrieben, ist diese Teilung jedem Besucher sichtbar.

DIE OSMANISCHE HERRSCHAFT

Genau 400 Jahre, von 1517 bis 1917, dauerte die osmanische Herrschaft. In dieser Zeit ist das Land zur vergessenen Wüste und Einöde geworden. Der türkische Orient wurde von Landverwaltern des Sultans verwaltet. Die arme Landbevölkerung wurde unterdrückt und ausgebeutet. In kleinen Dörfern lebten Fellachen, ortsansässige arabische Bauern. In den leeren, trostlosen Weiten des Landesinnern weideten nomadische Beduinen ihre Ziegen- und Schafherden.

Die Bevölkerung konzentrierte sich in dieser Zeit auf die wenigen Stadtzentren. Ein erster offizieller Zensus hatte im Jahre 1844 in Jerusalem 7.120 Juden, 5.760 Moslems und 3.390 Christen gezählt. 1874 berichtete der amerikanische Konsul de Haas, dass Jerusalem 30.000 Einwohner habe, von denen 20.000 Juden seien, und der schwäbische Missionar und spätere Königlich Württembergische Baurat Dr. Conrad Schick schrieb 1896 von 50.000 Einwohnern Jerusalems. Landesweit wird die arabische Bevölkerung 1882 auf 150.000 geschätzt, während gleichzeitig etwa 25.000 Juden im Lande lebten. Im Jahre 1919 schätzte die englische Militärverwaltung die Zahl der Juden im Mandatsgebiet Palästina auf 55.000, die der Muslime auf 457.000. Daneben gab es noch 69.000 Christen und andere Minderheiten.

Türkische Herrschaft bis 1917

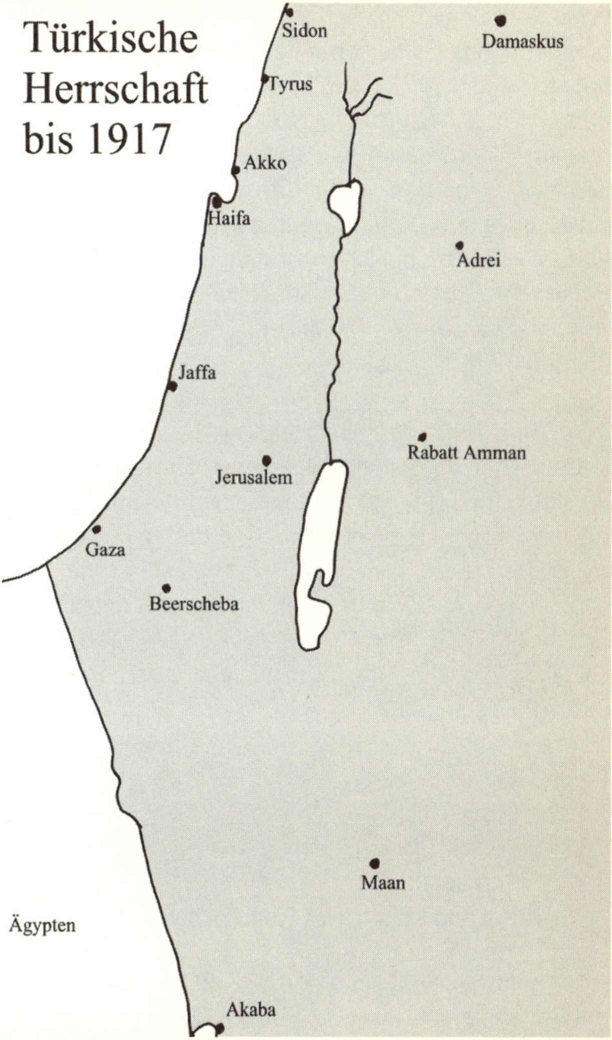

Zwischen 1860 und 1912 entstanden neben christlichen Siedlungen, wie beispielsweise denen der schwäbischen Templer, eine ganze Reihe neuer, jüdischer Dörfer im Land Israel. Christliche wie jüdische Pioniere hatten mit der türkisch-orientalischen Mentalität viele Probleme. Ohne Bestechungsgelder ging nichts. Das unwirtliche, wilde und versumpfte Land bereitete große Schwierigkeiten. Deshalb wurden einige Dörfer in Siedlungsblocks gegründet, so dass man einander Hilfe leisten konnte. Diese ersten jüdischen Pioniersiedlungen wurden »Moschavot« (Kolonien) genannt. (Moschava übersetzt: Ansitz, Niederlassung)

Ab 1909 kam eine neue, sozialistische Siedlungsform hinzu, der »Kibbuz«. Besonders junge Einwanderer aus Russland und Leute der zweiten Generation aus der Moschavot-Bewegung experimentierten mit einer Gemeinschaftsform nach kommunistischen Idealen. Alle Einnahmen und Ausgaben wurden miteinander geteilt.

Folgende jüdische Moschavot wurden zwischen 1860 und 1912 gegründet:

1860: Moza
1870: Mikve Israel
1878: Petach Tikva
1881: Bnei Jehuda
1882: Rischon LeZion, Nes Ziona, Schefia, Rosch Pina, Sichron Jaakov
1883: Jesod HaMaala, Ekron
1884: Gadera
1887: Kastina, Beer Tuvia

Moschavot (Kolonien) 1860 bis 1912

1	Motza	1860
2	Mikwe Israel	1870
3	Petach Tikwa	1878
4	Bnei Yehuda	1881
5	Rischon LeZion	1882
6	Nes Ziona	1882
7	Schefia	1882
8	Rosch Pina	1882
9	Sichron Yaakov	1882
10	Yesod HaMaala	1883
11	Ekron	1883
12	Gedera	1884
13	Kastina	1887
14	Beer Tuvia	1887
15	Bat Schlomo	1889
16	Mischmar HaYarden	1890
17	Hadera	1890
18	Rechowot	1890
19	Ein Seitim	1891
20	Hartuv	1895
21	Metulla	1896
22	Machanaim	1898
23	Ilania	1899
24	Kfar Tabor	1901
25	Yavniel	1901
26	Menachemija	1902
27	Kfar Saba	1903
28	Atlit	1903
29	Giwad Ada	1903
30	Hulda	1907
31	Beer Yaakov	1907
32	Hawat Kinneret	1908
33	Mitzpe	1908
34	Degania *	1909
35	Tel Aviv **	1909
36	Migdal	1910
37	Ben Schemen	1911
38	Ruchama	1911
39	Merchawia	1911
40	Hawat Poria	1912

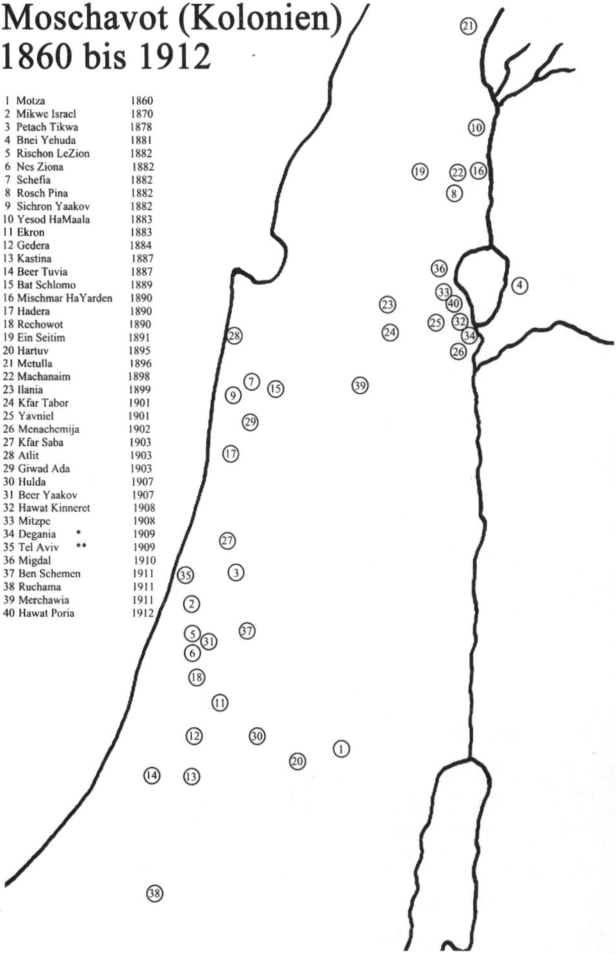

1889: Bat Schlomo
1890: Mischmar HaJarden, Hadera, Rechovot
1891: Ein Seitim
1895: Hartuv
1896: Metulla
1898: Machanaim
1899: Ilania
1901: Kfar Tabor, Javniel
1902: Menachemija
1903: Kfar Saba, Atlit, Givat Ada
1907: Hulda, Beer Jaakov
1908: Chavat Kinneret, Mizpe
1909: Degania als erster Kibbuz und Tel Aviv
als erste jüdische Stadt
1910: Migdal
1911: Ben Schemen, Ruchama, Merchavia
1912: Chavat Poria

Araber überfielen oft die jüdischen Pioniersiedlungen, Häuser und Höfe wurden geplündert, die Felder zerstört oder verbrannt. Mit Hilfe von Seiten der türkischen Behörden konnten die jüdischen Bauern nicht rechnen, was bedeutete, dass sie von Anfang an ihre Farmen und Felder selbst bewachen mussten.

Die Osmanen teilten ihr Herrschaftsgebiet in Verwaltungsregionen, so genannte »Sanschake«, ein. Letztendlich war jedoch alles der »Hohen Pforte«, das heißt dem Sultan in Konstantinopel untertan. Autonomien oder Staatengebilde gab es damals im Orient noch nicht. Seit 1906 existierte lediglich eine festgelegte Grenze zwischen dem von Großbritannien kontrollierten Ägypten und dem Osmanischen Reich. Das änderte sich mit dem Ersten Weltkrieg.

Jüdische Philanthropen wie Sir Moses Montefiore, Baron Hirsch und die Bankiersfamilie Rothschild mit ihren Spendengesellschaften unterstützten jüdische Landkäufe. Außerdem wurde eine jüdische Siedlerbank gegründet, die Vorläuferin der heutigen israelischen Bank Leumi. Große Bedeutung für den Kauf, die Urbarmachung und Besiedlung des Landes gewann der 1901 gegründete Jüdische Nationalfonds »Keren Kajemet LeIsrael« (KKL). Jüdische Siedlungen, Felder und Wälder wurden schon damals ausschließlich auf Boden angelegt, der von Juden oder jüdischen Organisationen gekauft worden war.

DAS SYKES-PICOT-ABKOMMEN

Schon vor Ende des Ersten Weltkriegs planten Frankreich und Großbritannien eine neue Aufteilung des Nahen Ostens. Der britische Sir Mark Sykes und Frankreichs Georges-Picot legten die Gebiete für eine künftige jüdische Teil-Autonomie fest, die allerdings unter englischer, französischer und russischer Kontrolle stehen sollte. Dieses Abkommen, das 1916 unter Einbeziehung Russlands abgeschlossen wurde, sollte bis Ende des Krieges geheim gehalten werden.

Die schnurgeraden Linien durch die Berglandschaft Galiläas im Norden und über die tiefen Schluchten der Hebronberge im Süden lassen erkennen, dass diese Grenzziehungen sehr unrealistisch waren und niemals in die Tat umgesetzt werden konnten. Außerdem war der Verlauf der Nordgrenze umstritten.

Der jüdische Chemiker Dr. Chaim Weizmann war den Briten im Ersten Weltkrieg durch die Entwicklung von Sprengstoff eine große Hilfe. Weizmann hatte einen Lehrauftrag an der Universität Manchester. Zu seinem Bekanntenkreis gehörten Winston Churchill, David Lloyd George, Herbert Samuel und Arthur James Balfour.

Am 2. November 1917 schrieb der englische Staatssekretär im britischen Außenministerium Lord Arthur James Balfour an den mit der zionistischen Bewegung zusammenarbeitenden Lord Walter Rothschild:

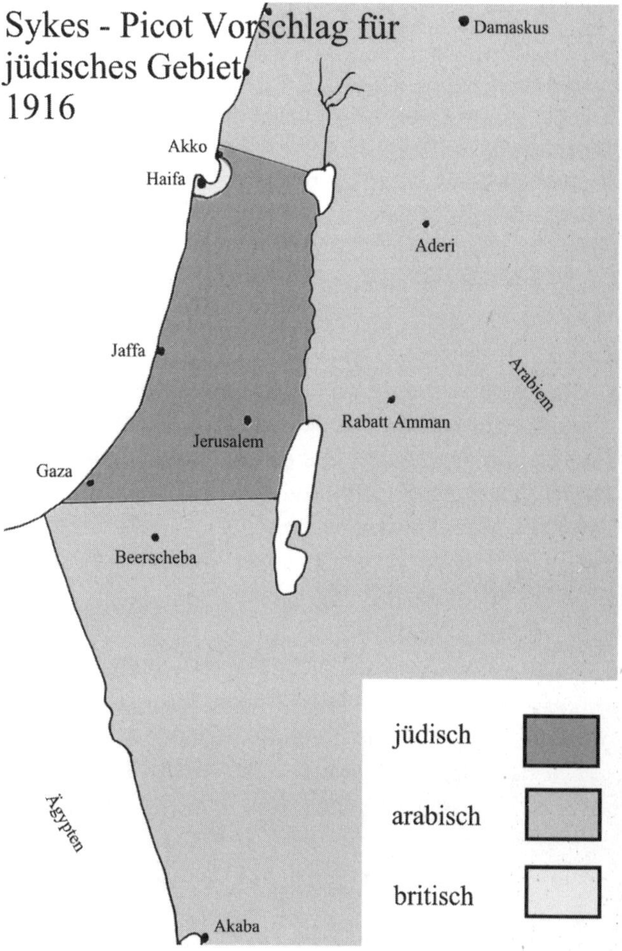
Sykes - Picot Vorschlag für
jüdisches Gebiet
1916
Damaskus
Akko
Haifa
Aderi
Jaffa
Arabiem
Rabatt Amman
Jerusalem
Gaza
Beerscheba
Ägypten
Akaba
jüdisch
arabisch
britisch

Die Regierung Seiner Majestät betrachtet die Schaffung einer nationalen Heimstätte in Palästina für das jüdische Volk mit Wohlwollen und wird die größten Anstrengungen machen, um die Erreichung dieses Zieles zu erleichtern, wobei es sich versteht, dass nichts getan werden soll, was die bürgerlichen und religiösen Rechte bestehender nicht-jüdischer Gemeinschaften in Palästina oder die Rechte und die politische Stellung der Juden in irgendeinem anderen Lande beeinträchtigen könnte.

Diese »Balfour-Erklärung« wurde später von Frankreich, Italien, Japan und den USA bestätigt.

Eigentlich hätten die Jahre nach dem Ersten Weltkrieg zur großen Stunde für das jüdische Volk werden müssen. Europa und der Orient mussten erst mit den neuen Zuständen nach dem Krieg fertig werden. Doch die Vertreter des jüdischen Volkes verpassten eine große Gelegenheit, weil sie zu unentschlossen waren, um diese Situation für eine massive Einwanderung auszunutzen.

1920 wurde der jüdische Gründungs- und Eingliederungsfonds »Keren HaJesod« gegründet, der neuen Wind in die zionistische Bewegung bringen sollte. Viele Juden Europas und Russlands erhofften sich aber eine bessere Zukunft nach Kriegsende und nach der russischen Revolution und wiesen den Gedanken an eine »Alijah«, eine Einwanderung in das Land Israel, weit von sich.

DIE FRIEDENS-KONFERENZEN VON PARIS UND SAN REMO

Mit der Gründung des Völkerbundes im Januar 1920 wollte sich die Welt versichern: »Nie wieder Krieg!« Pro-zionistische Mitglieder der britischen Regierung äußerten Verständnis für die Wünsche jüdischer Vertreter, die unterschiedliche Anträge und Forderungen auf den Verhandlungstisch der Pariser Friedenskonferenz im Januar und Februar 1919 gelegt hatten.

Als Nordgrenze war der Fluss Litani im heutigen Libanon im Gespräch. Im Osten sollte sich das jüdische Siedlungsgebiet bis zu der Hedschas-Eisenbahnlinie östlich des Jordans ausdehnen und der Begriff »Nationale jüdische Heimstätte« sollte zum festen Bestandteil in Gesprächen und auf Arbeitspapieren werden. Ein »Jüdischer Rat« sollte Juden zur Unterstützung der Einwanderung, des Bodenerwerbs und der Besiedlung motivieren.

Aber verschiedene jüdische Führungspersönlichkeiten hatten ganz unterschiedliche Vorstellungen über die Nordgrenze. Wichtigstes Argument war die Frage des Wassers und der passenden Böden für eine erfolgreiche Landwirtschaft. Ein weiterer Gesichtspunkt bei den Planungen war die Sicherheit der Siedlungen. Auch historisch-kulturelle Aspekte wurden diskutiert. Auf die Wasserquellen des Hermongebirges wollte man auf keinen

Fall verzichten und schon damals wurde an eine Umleitung des Litani in Richtung Süden zum Jordan hin gedacht.

Gegen Ende des zweiten Jahrzehnts im 20. Jahrhundert wurden die jüdischen Kolonien und Farmen in Nord-Galiläa vermehrt von Beduinen angegriffen. Circa einhundert Einwohner von Metulla flohen nach Sidon im Libanon und nach Kfar Giladi. Im Rahmen dieser Auseinandersetzungen fiel Josef Trumpeldor, der Kommandeur der nördlichen Siedlungsgruppe, am 1. März 1920 im Kampf um Tel Chai mit weiteren sieben Verteidigern, nachdem er vergeblich Verstärkung angefordert hatte. Der Name der nordisraelischen Stadt »Kirjat Schmonah«, »Stadt der Acht«, erinnert an diese Ereignisse.

Am 24. April 1920 trafen sich die Vertreter Großbritanniens, Frankreichs und Italiens zu einer weiteren Friedenskonferenz im italienischen San Remo. Dort sollten die Grenzen der Mandatsgebiete im Nahen Osten festgelegt werden. Über den endgültigen Verlauf der Nordgrenze des britischen Mandatsgebietes konnte allerdings noch nicht entschieden werden.

Die Gebiete des späteren Libanon und Syriens fielen an Frankreich. Das Land Israel westlich des Jordans und das ganze Gebiet östlich des Jordans bis nach Mesopotamien wurde der Verwaltung Großbritanniens unterstellt. Der aus dem Hedschas, dem heutigen Saudi-Arabien, stammende Emir Faisal, ein Urgroßonkel des heutigen jordanischen Königs Abdallahs II., versuchte in Syrien als König die Macht zu ergreifen. Nachdem das von den Franzosen verhindert worden war, wurde er jedoch mit Hilfe der Briten König des Irak.

Im Verlauf des Jahres 1920 wechselten in Frankreich mehrmals die Regierungen. Das war ein Grund dafür, dass die Grenze zwischen dem britischen und dem französischen Mandatsgebiet nicht festgelegt wurde. Metulla, Kfar Giladi, Tel Chai und Chamara gehörten in jener Zeit noch zum französisch verwalteten Gebiet.

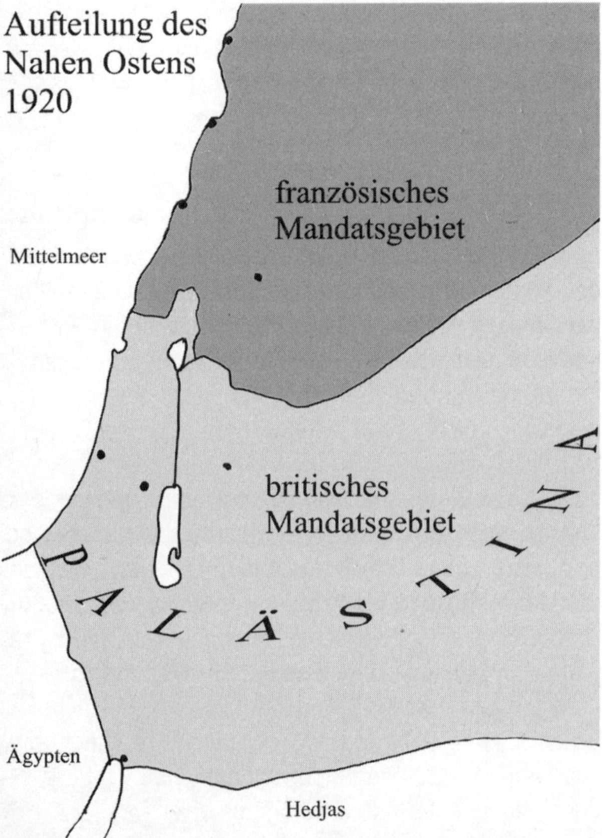

Am 1. Juli 1920 endete die britische Militärverwaltung über das Land Israel. Sir Herbert Samuel wurde am 11. September 1920 als erster Hochkommissar in sein Amt als britischer Zivilverwalter eingesetzt.

Zeitgleich kam es in Jerusalem zu Unruhen. Araber griffen jüdische Stadtteile an. Es gab Tote und viele Verletzte. Die 1909 gegründete jüdische »Schomer«-Wachmannschaft wurde aufgelöst und durch den jüdischen Verteidigungsverband »Hagana« ersetzt.

Die erste, vorläufige Grenzvereinbarung im Norden wurde erst am 23. Dezember 1920 unterzeichnet. Im Vorfeld hatten viele jüdische Führungskräfte versucht, mündlich und schriftlich, auf die Entscheidung Einfluss zu nehmen. Schließlich entschieden dann die Regierungen Frankreichs und Britanniens entsprechend ihren eigenen Interessen.

Im April 1921 wurde Hadsch Amin el-Husseini Großmufti von Jerusalem und ein Jahr später Präsident des Obersten Moslemischen Rates. Bald darauf nahmen die Spannungen im ganzen Land zu und es kam zu weiteren blutigen Unruhen in Jaffa und anderen Orten.

DAS CHURCHILL-WEISSBUCH

Als Minister für die britischen Kolonien veröffentlichte Winston Churchill im Sommer 1922 in London die amtliche Auslegung Großbritanniens der Balfour-Erklärung. Die Opposition gegen den Zionismus hatte zugenommen. Diese als »Weißbuch« bekannt gewordene Verlautbarung zeigt, wie sich die britische Regierung schrittweise von der Balfour-Erklärung distanzierte.

Schon im März 1921 hatte Churchill auf einer Konferenz in Kairo dem Scherifen Hussein von Mekka versprochen, dass dessen Sohn Abdallah die Herrschaft über ein Emirat »Transjordanien« bekommen werde. Damit waren die Weichen gestellt. Großbritanniens Interessen im Orient, besonders auch im Blick auf die Ölquellen Arabiens, waren wichtiger als die Versprechen der Balfour-Erklärung.

Jetzt erklärte Winston Churchill unumwunden in seinem Weißbuch, dass nicht mehr ganz Palästina für eine jüdische Heimstätte vorgesehen sei, sondern nur noch der Teil westlich des Jordans. Allerdings halte sich die Regierung Seiner Majestät an die Verpflichtung, den Juden beim Aufbau einer Heimstätte in Palästina behilflich zu sein.

So wurden 1922 etwa 75 Prozent des britischen Mandatsgebiets Palästina aus der vorgesehenen Heimstätte für die Juden ausgeklammert und zu einem Emirat für Emir Abdallah aus dem Hedschas erklärt. Man nannte dieses neue Land »Transjordanien«. Diese erste Teilung Palästinas wurde am 24. Juli 1922 vom Völkerbund gebilligt.

Bis 1946 blieb Transjordanien allerdings ein Teil des britischen Mandats. Emir Abdallah, der Bruder des irakischen Königs Faisal, wurde danach zu König Abdallah I. Er war der Großvater des jordanischen Königs Hussein, dessen Sohn heute als König Abdallah II. das haschemitische Königreich Jordanien regiert.

»Ich bin verärgert und schäme mich über das Verhalten meiner Regierung«, schrieb der britische Oberst Richard Meinerzhagen, der als gläubiger Christ auf der Seite der zionistischen Bewegung stand. Arabische Drohungen, Anfeindungen und Überfälle hatten so dazu geführt, dass nur noch 25 Prozent des ursprünglichen britischen Mandatsgebiets Palästina für eine jüdische Besiedlung zur Verfügung standen. Hoffnungen innerhalb der zionistischen Bewegung, diese Teilung des Landes Israel sei vorübergehend und pro-zionistische Kräfte in der englischen Mandatsverwaltung würden ihr entgegenwirken, erwiesen sich als vergeblich. Seither sind der Jordangraben, die Mitte des Toten Meeres und die Arava-Senke im Süden des Landes die Ostgrenze des Landes Israel.

Über den Verlauf der Nordgrenze gab es in den Jahren 1920 bis 1923 viele Gespräche, Diskussionen, Vorschläge, Änderungen, Wünsche und Forderungen. Schließlich wurde dann nicht der Litani-Fluss von den Mandatsmächten als Grenze bestimmt, wie lange Zeit vorgeschlagen, sondern weiter südlich der Bergrücken, der im

Teilung des britischen Mandatsgebietes

bleibend für jüdische Ansiedlung westlich des Jordans

1922 (1. Teilung)

(siehe Golan noch brit. Mandat)

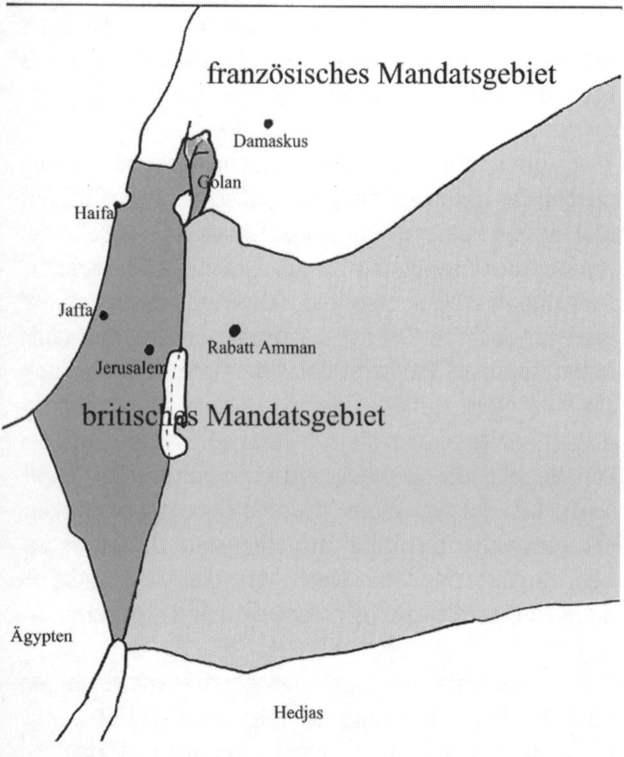

Westen mit dem Kreidefelsen Ras a-Nakura, dem heutigen Rosch HaNikra, an der Mittelmeerküste endet.

Entscheidend war jüdischen und britischen Vertretern bei der Festlegung der Nordgrenze die Wasserfrage. Die Bäche und Flüsse, die vom Libanon und dem Hermon ins Huletal und dann zum Jordan und in den See Genezareth fließen, sollten auf alle Fälle unter der Kontrolle der Regierung des Landes Israel, das hieß, der Mandatsregierung Großbritanniens, bleiben.

Pinchas Rutenberg hatte Pläne, im süd-östlichen Hulebecken einen Staudamm zu bauen, um die topographischen Gegebenheiten zur Gewinnung von Elektrizität nutzen zu können. Deshalb forderten jüdische Boden- und Wasserexperten das Hulegebiet für sich. Ende der 20er Jahre baute Rutenberg dann allerdings am Zusammenfluss des Jarmuk mit dem Jordan, etwa zehn Kilometer südlich des Sees Genezareth, ein Wasserkraftwerk.

Angriffe von Beduinen auf die unter französischer Verwaltung stehenden jüdischen Dörfer im nördlichen Galiläa, die Regierungskrise in Frankreich und das Angebot des britischen Hochkommissars Sir Herbert Samuel, auf die Golanhöhen ganz zu verzichten, wenn das gesamte Ostufer des Jordans und des Sees Genezareth dafür unter britischer Verwaltung blieben, brachte die französische Regierung schließlich dazu, den Vertrag zur Festlegung der Nordgrenze zu unterzeichnen.

Der genaue Grenzverlauf soll mindestens zehn Meter östlich des Hule-Sees und des Sees Genezareths liegen. Auch der von Samuel geforderten neuen Grenze im Süden des Golan und im unteren Jarmuktal bis zu den heißen Quellen von El Chama, dem heutigen Chamat Gader, stimmten die Franzosen zu. Am 7. März 1923 wurde der Vertrag zwischen der Regierung Seiner Majestät und der Regierung Frankreichs unterzeichnet.

Nachdem die Familienstreitigkeiten im haschemitischen Herrscherhaus des Scherifen von Mekka durch die Konzessionen Großbritanniens geschlichtet waren, konnten auch die Linien durch die Wüste gezogen werden.

1925 Grenzen der Mandatsmächte

(seit 1923 ist der Golan Teil des franz. Mandats)

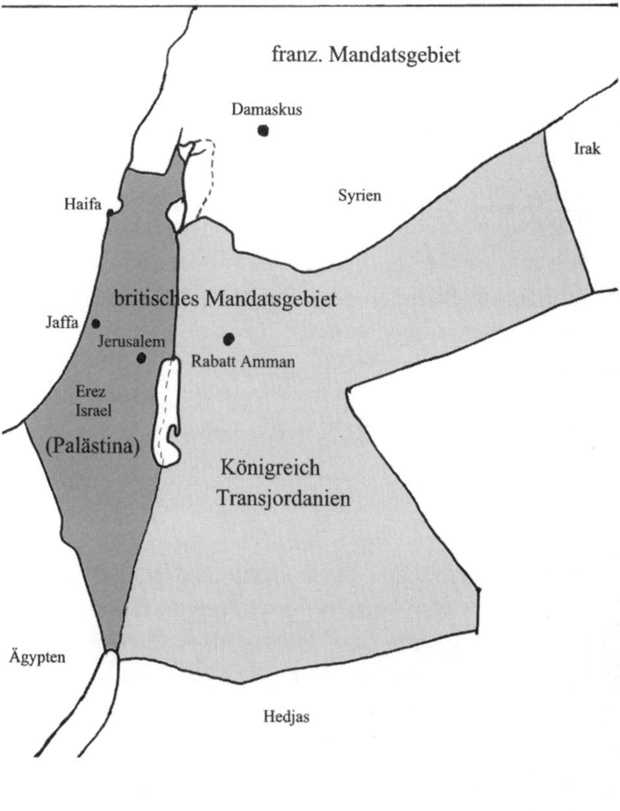

Der Vater, Scherif Hussein, blieb in Mekka. Seine Söhne Abdallah und Faisal bekamen jeder ein Emirat. Abdallah wurde Herrscher in Transjordanien, Faisal im Irak. Der britische Einfluss blieb erhalten, der Zugang zu den Ölquellen gesichert und Pläne für Pipelines durch die Wüste zum Mittelmeer wurden gemacht und verwirklicht.

Ein etwa hundert Kilometer breiter jordanischer Wüstenstreifen zwischen Syrien und dem Hedschas war für den sicheren Bau der britischen Ölleitungen von Mossul im Irak bis zum Hafen von Haifa festgelegt.

Durch die Balfour-Erklärung und den zunehmenden Antisemitismus in Europa wanderten in den 20er Jahren immer mehr Juden nach Palästina ein. Mit den Einwanderern kam auch Kapital für Bodenkäufe und die Entwicklung des Landes. Junge Pioniere und die Nachkommen der ersten (1882-1904) und zweiten Einwanderungswellen (1904-1914) gründeten neue Ortschaften, besonders im Jesreel-Tal. Die Siedlungsform der Kibbuzim hatte sich in der Pionierzeit bewährt.

Seit 1921 kam eine neue Siedlungsform hinzu, der »Moschav«. In den »Moschavim« hatten die einzelnen Familien Privateigentum. Die Bauern eines solchen Dorfes hatten oft Maschinen- und Gerätegemeinschaft, ebenso eine Kooperation beim Einkauf von Saatgut und Verkauf der Produkte.

So entstand am Rande des malariaverseuchten Sumpfgebietes im Westen der Jesreel-Ebene die Sied-

Jüdischer Landbesitz
privat oder durch
Organisationen
gekauft
1929

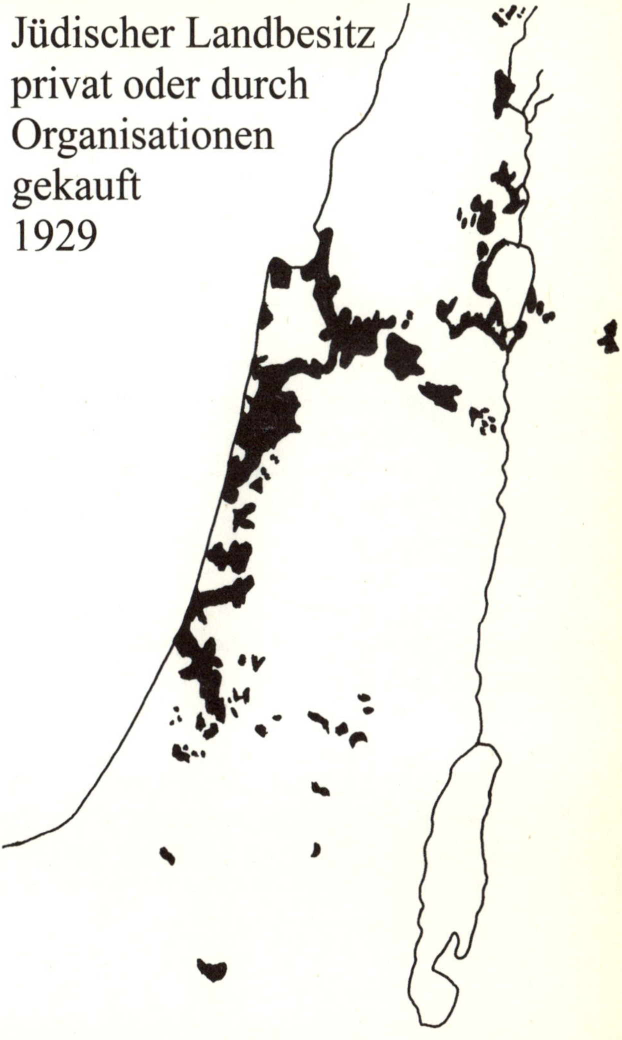

lung Nahalal, genau wie in den folgenden Jahren zwischen Galiläa und dem Gilboa-Gebirge, zwischen dem Karmel bei Haifa und dem Jordantal insgesamt 23 jüdische Siedlungen. 1925 wurde die Stadt Afula gegründet.

Kfar Jehoschua wurde 1927 gegründet und nach Jehoschua Hankin benannt, der die meisten Böden des westlichen Jesreel-Tals von arabischen Großgrundbesitzern für den KKL erworben hatte. Hankin kannte die arabischen Feudalherren und hatte gute Kontakte zu ihnen. Er kaufte auch für verschiedene andere jüdische Organisationen Böden bei Rechovot und Hadera in der Küstenebene. Bekannt wurde er als »Goel HaEmek«, als »Erlöser der Ebene«, allerdings durch den Kauf der verrufenen und gefürchteten Sumpfgebiete der Jesreelebene Anfang der 20er Jahre.

Durch Jehoschua Hankins Aktivitäten gelangten circa 60.000 Hektar Bodens in jüdische Hände. Bis Ende 1929 waren es insgesamt circa 90.000 Hektar, die von Türken oder Arabern an Juden verkauft wurden. Die meisten Ländereien wurden in den Grundbüchern auf die Namen jüdischer Organisationen eingetragen, das heißt, sie sind heute israelisches Staatsland.

DAS PASSFIELD-WEISSBUCH

Die Reaktionen der Araber auf die jüdische Einwanderung und die Landkäufe der 20er Jahre ließen nicht auf sich warten. Besonders im Sommer des Jahres 1929 kam es zu schweren Unruhen. Mit Schusswaffen, Prügeln und Messern bewaffnet stürmten arabische Horden in die jüdischen Stadtviertel und Dörfer. Es gab viele Opfer. Allein in Hebron wurden mehr als 60 jüdische Einwohner abgeschlachtet. Das jüdische Safed ging in Flammen auf. Etliche Orte wurden geräumt und danach von den Aufständischen zerstört.

Als sich der Hassausbruch nach etwa einer Woche etwas beruhigt hatte, zählte man 133 Tote, Hunderte Verwundete und großen Sachschaden. Mehr als 8.000 Juden wurden zeitweilig zu Flüchtlingen, weil sie wegen den Unruhen ihre Häuser verlassen und in anderen Dörfern Unterschlupf suchen mussten.

Der britische Kolonialminister Lord Passfield berief daraufhin einen Untersuchungsausschuss ein und veröffentlichte am 20. Oktober 1930 das nach ihm benannte »Passfield-Weißbuch«. Darin wird eine starke Einschränkung der jüdischen Einwanderung gefordert.

Wieder wurde arabische Gewalt belohnt, auch wenn jüdische Proteste in der Presse, die offene Kritik David Ben Gurions am Verhalten der britischen Regierung und die Aufforderung, sich an die Balfour-Erklärung zu halten, die britische Regierung letztendlich dazu brachten, den Inhalt dieses Weißbuches abzumildern.

DIE ALIJAH DER 30ER JAHRE

Mit der Machtergreifung Adolf Hitlers im Januar 1933 kam die große Wende für die Juden in Europa. Finanzkräftige Einwanderer und große jüdische Spenden aus aller Welt ermöglichten den weiteren Erwerb von Land. Die Menschen dieser Einwanderungswelle, hebräisch »Alijah«, kamen zumeist aus Mitteleuropa. Deshalb ging diese fünfte Alijah (1932-1939) als »Aliat HaJeckim«, »Einwanderungswelle der deutschen Juden«, in die Geschichte ein.

Hier ein Überblick über die ersten fünf jüdischen Einwanderungswellen:

1. **Alijah (1882-1904):** Aufgrund von Pogromen in Russland und Rumänien machen sich 40.000 Juden auf den Weg ins Land Israel.
2. **Alijah (1904-1914):** Pogrome in Folge der Revolution veranlassten 40.000 meist mittellose junge Pioniere dazu, Russland zu verlassen.
3. **Alijah (1919-1923):** Als Reaktion auf die Balfour-Erklärung wandern 30.000 vor allem jüdische Arbeiter in das britische Mandat Palästina ein.
4. **Alijah (1924-1929):** 62.000 Juden aus dem kleinbürgerlichen Milieu fliehen vor polnischen Wirtschaftssanktionen nach Zion.
5. **Alijah (1932-1939):** 250.000 Juden fliehen vor den Nazis nach Palästina.

Max Heippert war ein jüdischer Lehrer in Kitzingen. Nach einer Erkundungsreise, die er im Jahre 1935 für jüdische Lehrer in das Land Israel durchführte, schrieb er einen Bericht, dessen handschriftliches Original mir vorliegt. Max Heippert schreibt in »Land im Aufbau« unter anderem:

Ich war unter anderem auch in einer Moschava, die ausschließlich von Deutschen neu besiedelt wurde: in Ramat HaSchavim – auf Deutsch bedeutet der Name Hügel der Zurückgekehrten. Dort sind 50 neu angesiedelt. Darunter 18 Ärzte und 3 Rechtsanwälte, Männer meist in den mittleren Jahren. Sie haben dort Hühnerzucht und Gartenbau. Jeder hat bei seinem netten Einfamilienhaus oder in der Nähe berieselbare, gärtnerische Anlagen und eine Hühnerfarm. Die Haupteinnahme bringt die Hühnerzucht, wovon sie etwa 10,- Lirot monatlich Reineinnahmen haben. Allerdings haben die Leute auch durchschnittlich 15.000,- Lirot investiert. Die Arbeit hier ist nicht so schwer wie bei einem reinen landwirtschaftlichen Betrieb.

Die Leute haben sich sehr gut eingefügt und fühlen sich seelisch geborgen. Und ich kann mir vorstellen, dass sie sich auch heute, nach den Unruhen, noch geborgen fühlen, denn diese Siedlungen sind 100%ig von Juden bewohnt, die zudem ziemlich geschlossene Siedlungsgebiete umfassen. Eine ähnliche Siedlung wie in Ramat HaSchavim wird zurzeit nördlich von Haifa in Naharia für Deutsche aufgebaut. Alle diese Siedlungen, seien es nun Kwuzot oder Moschavot, sind Dörfer von etwa 200 - 1.000 Einwohner.

Sie dürfen aber jetzt nicht an eng aneinander gebaute Häusergruppen denken, wie bei uns. Die Bewohner haben, wenn es privatwirtschaftliche Dörfer sind, einen großen Teil ihres Besitzes rings um ihr Gehöft liegen, so dass weit auseinander gezogene Rund- oder Langdörfer entstanden sind. Zu diesen oder auch durch sie führen von der Hauptstraße aus meist noch feldwegartige, sandige oder lehmige Verbindungswege, ohne dass diese Wegart für palästinensische Kraftwagen ein Hindernis bildet.

Auch bezüglich dieser Wege gibt es noch viel, viel Arbeit zu leisten und es können viele Tausende dabei Beschäftigung finden. Es ist nur eine Zeit- und Geldfrage. Dessen ungeachtet ist aber fast jedes Dorf von irgendeinem Verkehrszentrum aus mit regelmäßig verkehrenden Omnibussen zu erreichen.

Wenn ich die drei Hauptstädte in einem Satz charakterisieren soll, so möchte ich sagen:

Tel Aviv ist eine überlebendige Großstadt in der Größe von ½ Nürnberg mit einem Leben wie Berlin. Jerusalem ist eine klassische Stadt, neben der Altstadt eine neu erstandene, moderne Neustadt, der das religiöse Judentum zu einem großen Teil den Stempel aufdrückt, und Haifa ist die vornehme, aufstrebende Hafen- und Handelsstadt mit den schönsten Landschaftsbildern, dem bewaldeten Karmel im Hintergrund.

Viel Arbeit ist schon geleistet worden, viel bleibt auch noch zu tun übrig. Nicht als Land der Sehnsucht tritt uns heute Erez Israel entgegen, sondern als Land der Arbeit.

Die Arbeit ist schwer, aber weil sie schwer ist und doch geschafft wird, hat sie mir gefallen, gefallen vor allem für unsere Jugend. Körperliche Arbeit, sie ist neben der Tora der einzige Weg zu unserer sozialpolitischen Gesundung.

Der Grundtenor des Berichtes »Land im Aufbau« von Max Heippert ist: Es gibt eine Zukunft im Land Israel. Lernt einen Beruf und »steigt hinauf«, das heißt, wandert ein. Er selbst wanderte im Frühjahr 1939 nach »Erez Israel« ein.

Zwischen 1933 und 1936 wanderten circa 235.000 Juden nach Palästina ein, davon waren nur etwa 80.000 aus Deutschland geflüchtet. In der östlichen Jesreel-Ebene und im Jordantal bei Bet Schean wurde weiterer Grund und Boden erworben. Allein der KKL kaufte in dieser Zeit etwa 11.000 Hektar.

Die Zahl der landwirtschaftlichen Gemeinschaftssiedlungen stieg von etwas mehr als 100 im Jahre 1931 auf 160 im Jahr 1936. Bis zum April 1936 waren mehr als 123.000 Hektar Land in jüdischer Hand.

Auch die Städte des Landes wurden ausgebaut. Tel Aviv wuchs in wenigen Jahren von einer Kleinstadt zu einer pulsierenden Großstadt. Aus dieser Zeit stammen viele Häuser im Bauhaus-Stil, die heute zum Weltkulturerbe gehören.

Die europäischen Neueinwanderer prägten mit der Architektur, Lebensweise, Kleidung und den Essgewohnheiten ihrer Herkunftsländer die altneue Heimat. Noch lange erhielt sich dieses »alteuropäische« Leben in »Klein-Tel Aviv«. Die alteingesessenen Tel Aviver Bürger sind bis heute stolz auf ihre »Weiße Stadt«, die erste, neue jüdische Stadt, die 1909 inmitten von Sanddünen gegründet wurde.

Jüdischer Landbesitz privat oder durch Organisationen gekauft

1936

Die arabische Bevölkerung beobachtete die schnelle und erfolgreiche jüdische Einwanderung und den gewaltigen Aufbau des Landes mit Misstrauen. Nicht nur demographisch, sondern auch wirtschaftlich und politisch fühlten sie sich in den Hintergrund gedrängt. Die Araber befürchteten, dass es den Juden gelingen würde, das britische Mandatsgebiet Palästina in kurzer Zeit in ein »nationales Heim« für das jüdische Volk zu verwandeln.

Motiviert, nicht zuletzt durch die antijüdische Politik Hitlers und Mussolinis in Europa, brachen am 19. April 1936 in Jaffa wieder arabische Unruhen aus. Der Großmufti von Jerusalem, Hadsch Amin el-Husseini, berief eine Notstandssitzung ein, auf der drei Dinge beschlossen wurden: 1. ein totaler Stopp der jüdischen Einwanderung; 2. ein Verkaufsverbot von Grund und Boden an Juden; und 3. die Errichtung einer arabischen Nationalregierung.

Durch Streiks wollten die Araber das tägliche Leben lahm legen, und durch Ausschreitungen die Juden überall in Gefahr bringen. Sie hofften, dadurch die immer stärker werdende Zuwanderung zu stoppen oder wenigstens zu bremsen. In den ersten sechs Monaten dieses arabischen Aufstandes kamen fast hundert Juden ums Leben und circa 370 wurden verletzt. Bis Mai 1939 waren es 415 Tote.

Die Briten, deren Aufgabe es als Mandatsmacht gewesen wäre, für Ruhe und Ordnung zu sorgen, hielten sich anfangs zurück. Als sich dann aber herausstellte, dass sich die Lage nicht so schnell beruhigen werde, versprachen die Engländer, eine Untersuchungskommission zu entsenden, sobald die Araber ihre Streiks beendeten.

DIE PEEL-KOMMISSION

Die Königliche Kommission unter Vorsitz von Lord Peel trat im August 1936 zusammen. Am 7. Juli 1937 veröffentlichte sie ihren Bericht und empfahl das Land in jüdische und arabische Gebiete zu teilen. Ein Korridor zwischen Jerusalem und Tel Aviv sollte als »britische Zone« bestehen bleiben.

Nach der ersten Teilung Palästinas im Jahre 1922 kam mit dem Vorschlag der Peel-Kommission erstmals ein Teilungsvorschlag für die verbleibenden 25 Prozent von Restpalästina auf den Verhandlungstisch. Der jüdische Teil Palästinas sollte nach Vorstellung der Peel-Kommission eine Fläche von circa 5.000-6.000 Quadratkilometern umfassen.

Die Vertreter des jüdischen Volkes waren geteilter Ansicht. Einige meinten, besser ein kleiner Staat in einem geteilten Land als gar kein Staat. Angesichts der nationalsozialistischen Bedrohung wollten sie so wenigstens eine Zufluchtsmöglichkeit für die europäischen Juden schaffen. Andere lehnten eine zweite Teilung des Landes ab und beharrten darauf, wenigstens das »Westjordanland« zu bekommen, wie es die Briten nach dem Ersten Weltkrieg versprochen und im Mandatsvertrag von 1922 bestätigt hatten.

Auf dem 20. Zionistischen Weltkongress vom 3. bis 16. August 1937 in Zürich stand die »Chalukah«, die Teilung, im Mittelpunkt der Gespräche. Lange und hitzige

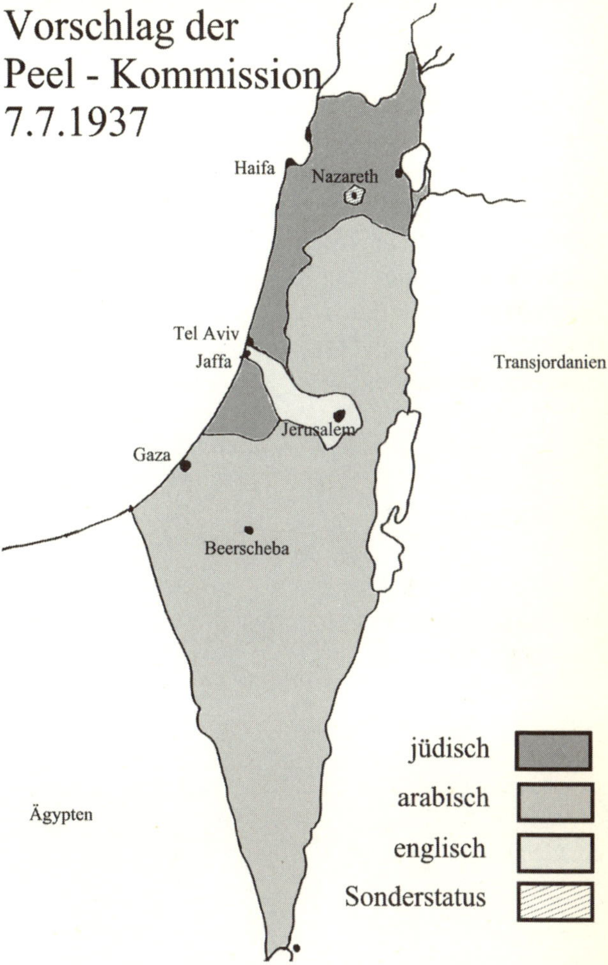
Vorschlag der
Peel - Kommission
7.7.1937
Haifa
Nazareth
Tel Aviv
Jaffa
Transjordanien
Jerusalem
Gaza
Beerscheba
Ägypten
jüdisch
arabisch
englisch
Sonderstatus

Diskussionen über den Teilungsplan der Peel-Kommission drohten den Kongress zu sprengen. David Ben Gurions Vorschlag, vorläufig noch keine Entscheidung zu fällen, um weiterhin mit den Briten im Gespräch bleiben zu können, wurde schließlich angenommen.

Auch die Briten selbst wollten die Teilung des Landes noch hinauszögern. Aber die Araber lehnten den Vorschlag der Peel-Kommission entschieden ab. Sie waren grundsätzlich gegen eine Zwei-Staaten-Lösung. Im September 1937 erklärten arabische Führer, dass sie niemals einen jüdischen Staat in irgendeinem Teil Palästinas zulassen würden.

DIE WOODHEAD-KOMMISSION

Johann Woodhead war Vorsitzender einer weiteren Kommission, die im April 1938 einberufen wurde. Die von der britischen Regierung für diese Untersuchungskommission bestimmten Abgeordneten waren von vornherein für ihre pro-arabische Einstellung bekannt. Am 9. November 1938 veröffentlichte die Woodhead-Kommission ihre Empfehlungen.

Deutlich ist auf den Karten zu erkennen, wie das Gebiet für einen jüdischen Staat möglichst klein, und die britisch verwalteten Zonen möglichst groß gehalten wurden. Wie Vorschlag C zeigt, blieb für eine »jüdische Heimat« noch ein schmaler Küstenstreifen »zwischen Hadera und Gadera« – wie der Volksmund diesen Vorschlag eines Ministaates dann auch spöttisch bezeichnete.

Auffallend ist das Datum der Veröffentlichung der Teilungspläne der Woodhead-Kommission: der 9. November 1938. Am Abend dieses Tages und in der darauf folgenden Nacht wurden in Deutschland unzählige jüdische Häuser und Geschäfte durch ein von den Nazis minutiös geplantes und landesweit durchgeführtes Pogrom vernichtet. Zeitgleich beschlossen die Briten im Orient, dem jüdischen Volk so viel wie nur irgend möglich des ihnen von der britischen Regierung verheißenen Landes wegzunehmen – das ihnen in jener Zeit möglicherweise hätte eine Zuflucht bieten können.

Vorschläge der Woodhead - Kommission 9.11.1938

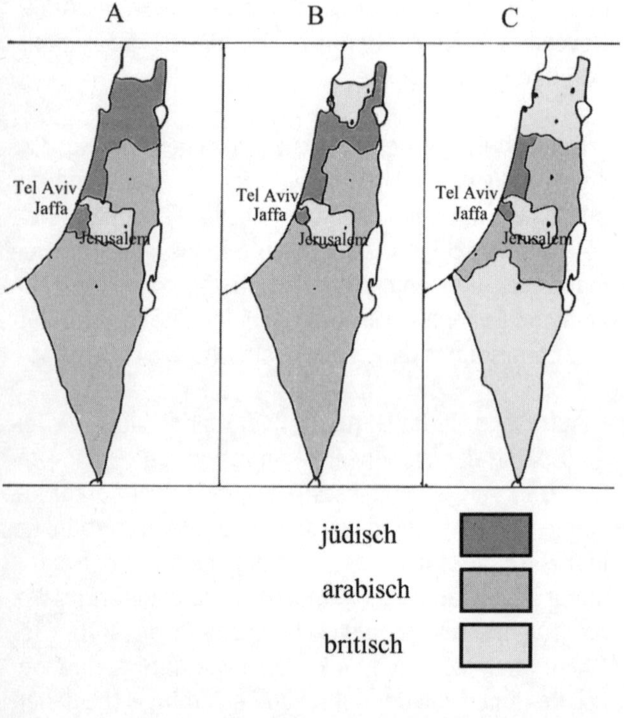

Im Rahmen der so genannten »Reichskristallnacht« und ihrer direkten Folgen wurden neueren Forschungen zufolge circa 1.300 jüdische Menschen ermordet. Mindestens 1.406 Synagogen und jüdische Betstuben brannten aus oder wurden vollständig zerstört. Da der Beginn des Holocausts erst mit Ausbruch des Zweiten Weltkrieges 1939 oder gar erst mit dem Beschluss der »Endlösung« 1941 datiert wird, ist diese »Reichspogromnacht« in den meisten zusammenfassenden Angaben über die Schoah nicht mit erfasst.

MAUER UND TURM

Die jüdischen Siedler antworteten auf arabische Unruhen und Terroraktionen mit einem verstärkten Bau von neuen Siedlungen. Über Nacht sollten Tatsachen geschaffen werden. Nach dem Ausbruch der arabischen Aufstände Anfang 1936 beschlossen jüdische Pioniere einen Plan von Schlomo Grasowski in die Tat umzusetzen.

Nahe einem zur Besiedlung geplanten Ort wurden in bereits etablierten Dörfern Bauteile aus Holz gefertigt. Vor Ort wurden Baugelände und ein Zufahrtsweg planiert. Sobald alles bereit war, transportierten die Siedler in einer Nacht- und Nebelaktion mit Hilfe von vielen Freiwilligen die Fertigbauteile an den Ort der neuen Siedlung.

Als Erstes wurde die circa 2,20 Meter hohe Umfassungsmauer erstellt. Doppelte Holzwände mit einem Abstand von etwa 30 Zentimetern wurden miteinander verstrebt, der Zwischenraum mit Kies, Schotter und Erde aufgefüllt. Der so entstandene, etwa 35 auf 35 Meter große Innenhof bot Schutz für den weiteren Aufbau eines Wachturms, einiger Hütten, eines Waschraums sowie von Schutzdächern für die Tiere.

Nach diesem System, das bald unter dem Begriff »Choma u'Migdal«, »Mauer und Turm«, bekannt wurde, entstanden in weniger als drei Jahren 52 neue jüdische Siedlungen, von Negba am Rande der Negevwüste im Süden Israels bis zu den nordisraelischen Ortschaften

Hanita an der libanesischen Grenze bei Naharia, Dan und Dafna am Fuße des Hermon.

Weil Nachschub und Verstärkung gut organisiert war, konnten sich diese neuen Farmen gegen arabischen und britischen Widerstand behaupten. Sie schlossen sich dann in der Regel entweder der Kibbuzbewegung oder der Organisation der Moschavim an. Die durch die »Choma u'Migdal«-Besiedlung geschaffenen Tatsachen haben später die Grenzvorschläge des zweiten UNO-Teilungsplanes vom November 1947 stark beeinflusst.

Beispiele für »Mauer und Turm«-Dörfer (1936-1939):

7. 12. 1936:	Kfar Hittim
10. 12. 1936:	Nir David
30. 6. 1937:	Tirat Zvi
4. 7. 1937:	Moledet
6. 7. 1937:	En Gev
25. 8. 1937:	Ginosar
21. 3. 1938:	Hanita
13. 4. 1938:	Schavei Zion
26. 6. 1938:	Allonim
17. 7. 1938:	Maale HaHamischa
25. 8. 1938:	En HaMifraz
3. 5. 1939:	Dan
4. 5. 1939:	Dafna
8. 5. 1939:	Sde Elijahu
23. 5. 1939:	Schadmot Dvorah
12. 7. 1939:	Negba
29. 10. 1939:	Amir
31. 10. 1939:	Kfar Warburg

"Mauer und Turm" Siedlungsaktion 1936 - 1939

52
"Schnellbausiedlungen"

DAS MACDONALD-WEISSBUCH

Anfang 1939 wurden arabische und jüdische Vertreter aus Palästina zu einer Konferenz nach London geladen.

Von vornherein lehnte die arabische Delegation ab, mit Juden in einem Raum zu sitzen und forderte einen totalen Stopp der jüdischen Einwanderung sowie ein Verbot des Landverkaufs an Juden. Die Araber bestanden auf einer sofortigen Gründung eines freien, unabhängigen arabischen Staates auf dem gesamten Gebiet des britischen Mandats Palästina. Außerdem erklärten sie die Absicht, unmittelbar nach einer Staatsgründung alle Zionisten, die seit der »Invasion« im Jahre 1882 ins Land gekommen waren, zu deportieren.

Am 17. Mai 1939 veröffentlichte der britische Kolonialminister Malcolm MacDonald ein neues Weißbuch. Darin stellt er die britische Verantwortung fest, die jüdische Einwanderung nach Palästina zu stoppen. MacDonald meinte, man könne der arabischen Bevölkerung nicht zumuten, gegen ihren Willen unter jüdischer Herrschaft leben zu müssen.

Aus zionistischer Sicht war das MacDonald-Weißbuch eine Katastrophe, weil es einem Programm zur Vernichtung der Juden gleichkam. David Ben Gurion erklärte das Ende des politischen Zionismus und den Beginn des kämpfenden Zionismus. Überall fanden große Demonstrationen gegen die Briten statt. Das jüdische Volk fühlte sich von den Engländern verraten, die sich für den drohenden Krieg in Europa die Unterstützung der Araber sichern wollten.

Als dann im September 1939 mit dem deutschen Einmarsch in Polen der Zweite Weltkrieg ausbrach, gab Ben Gurion zu verstehen, man werde den Briten im Krieg gegen Deutschland beistehen müssen, als gäbe es kein Weißbuch. Gleichzeitig, so Ben Gurion, würden die Juden Palästinas aber auch das MacDonald-Weißbuch bekämpfen, als gäbe es keinen Krieg.

Jüdische Widerstandsgruppen organisierten in diesen Jahren eine illegale Einwanderung von Europa nach Palästina, die trotz Weißbuch vielen Juden das Leben rettete. Sie konnten dem nationalsozialistischen Völkermord entkommen und im Land Israel eine neue Existenz aufbauen, während die freien westlichen Länder ihre Tore für die bedrohten Juden schlossen.

Der jüdische Schriftsteller und Religionsphilosoph Schalom Ben Chorin war 1913 in München geboren worden. 1935 kam er als Emigrant in das Land Israel. Er hatte die ausweglose Situation der Juden erkannt und schrieb 1939 das Gedicht »Wenn ich ein Fischlein wär«:

»Geteiltes Leid ist halbes Leid«
das trifft nicht immer zu,
man teilt und feilt – doch ob das heilt ...
Ich glaub's nicht – glaubst es du?

Bis jetzt hat man sich nur gekeilt,
allein das Land blieb heil:
Was eh zu klein, jetzt wird's geteilt,
und jeder hat sein Teil!

Ob das so salomonisch ist –
Ich glaub's nicht – glaubst es du?
Ich fürcht', dass das sehr komisch ist,
und keinem bringt es Ruh.

Wenn zwei nicht satt zu kriegen sind
mit einem Brocken schon,
ob die dann wohl zufrieden sind
mit halber Portion?

Die Rechnung geht halt gar nicht auf,
wie man's auch dreht und wend't.
So hemmt man nicht des Schicksals Lauf,
wenn's ringsherum schon brennt.

Ich weiß schon, wie zu teilen wär,
zu löschen auch der Brand:
Die Juden kriegen halt das Meer,
die Araber das Land.

Das nennt man dann »binational«,
ist auch humanitär.
Nur eins daran ist recht fatal:
Was tut ein Jud im Meer?

Ach, wenn ich nur ein Fischlein wär,
ein End hätt die Geschicht –

Ich schwämm vergnügt im blauen Meer...
– doch leider bin ich's nicht!

Die Bevölkerungsentwicklung im britischen Mandatsgebiet Palästina (1917-1948):

	Araber	**Juden**
1919	526.000	55.000 (Schätzung der Briten)
1922	560.583	83.794 (Zensus vom 23.10.22)
1931	851.110	174.610 (Zensus vom 18.11.31)
1939	ca. 1 Mio.	ca. 500.000
1948	ca. 1,2 Mio.	ca. 650.000

ARABISCHE ZUWANDERUNG IN DEN 20ER UND 30ER JAHREN

Die zionistische Aufbauarbeit und die britische Mandatsverwaltung bewirkten eine erstaunliche Entwicklung des Landes westlich des Jordans. Dadurch eröffneten sich neue Verdienstmöglichkeiten und Arbeitsplätze für arabische Arbeiter aus den umliegenden Ländern.

Aus dem Hauran, ein im heutigen Syrien liegendes Wüsten- und Steppengebiet, kamen in den Jahren 1934-35 circa 25.000 Landarbeiter. Sie kamen als Gastarbeiter, um für ihre Familien Brot zu verdienen, blieben dann aber im britisch verwalteten Palästina hängen.

Die Volkszählung der Briten im Oktober 1922 registrierte weniger als 600.000 Araber im westlichen Palästina zwischen Jordan und Mittelmeer. Bis zum Ende der Mandatszeit 1948 hatte sich die Zahl der palästinensischen Araber auf 1,2 Millionen mehr als verdoppelt.

Wenn man britischen Angaben über die demographischen Entwicklungen glauben darf, kamen im Laufe der Mandatsjahre 1917 bis 1948 etwa 300.000 arabische Zuwanderer aus den Nachbarländern nach Palästina. Bis heute geben die Familien- und Sippennamen dieser Menschen Auskunft über die Herkunft ihrer Vorfahren.

Die deutliche Verbesserung der medizinischen und hygienischen Versorgung der arabischen Bevölkerung im britischen und jüdischen Einflussbereich führte dazu, dass die Kindersterblichkeit drastisch gesenkt und die Lebenserwartung deutlich erhöht wurde. Das führte zu einem weiteren starken Anstieg der arabischen Einwohnerzahlen im britischen Palästina.

Der Ausbruch des Zweiten Weltkrieges setzte den Verhandlungen im britisch-jüdisch-arabischen Dreieck ein vorläufiges Ende. Die Verbindungen mit Europa brachen fast vollständig ab. Die Bemühungen um eine illegale Einwanderung von jüdischen Flüchtlingen aus Europa gingen allerdings ununterbrochen weiter. Ansonsten bemühte man sich im Lande Israel, die Normalität des täglichen Lebens beizubehalten.

Ab 1942 begann die britische Armee Häfen und Militärstützpunkte auszubauen. Für Polizei und Armee wurden Festungen mit dicken Betonmauern erbaut. Die Nachrichten von den Fronten waren Besorgnis erregend. In Nordafrika, auf dem Balkan und in Südrussland waren die deutschen Truppen auf dem Vormarsch. Wie eine Zange näherten sich die deutschen Streitkräfte dem Land Israel von Norden und aus dem Südwesten.

Hadsch Amin el-Husseini, der Großmufti von Jerusalem, besuchte in dieser Zeit den Führer in Berlin und bat Hitler, doch auch nach Palästina zu kommen, um ihm zu helfen und die Endlösung der Judenfrage auch in Jerusalem durchzuführen.

Jüdische Freiwillige meldeten sich bei den Engländern. In besonderen Einheiten kämpften sie auf der Seite der Briten gegen die Deutschen. Für die Zivilbevölkerung in Palästina wurden Evakuierungspläne gemacht. Doch die deutsch-arabischen Kriegspläne gingen nicht in Erfüllung. Die deutsche Wehrmacht erreichte das Land Israel nicht.

NACH DEM HOLOCAUST

Das erklärte Kriegsziel von Nazideutschland war nicht nur die Beherrschung Europas, sondern die Auslöschung des jüdischen Volkes. Nach Ende des grausamsten Krieges, den die Menschheit je erlebt hat, irrten Tausende von körperlich und psychisch traumatisierten jüdischen Menschen durch Europa, auf der Suche nach Angehörigen und auf der Suche nach einer Zukunft.

Im Laufe des Jahres 1946 sammelten sich mehr als 250.000 jüdische Holocaust-Überlebende in verschiedenen Lagern in Europa. Viele suchten einen Weg in die Freiheit im Land Israel. Doch Großbritannien erlaubte auch in dieser Situation den Flüchtlingen aus der »Hölle« nicht, Zuflucht in seinem Mandat Palästina zu finden.

Nur wenigen gelang ein Durchbruch durch die britische Blockade und eine illegale Einwanderung. Die meisten der überladenen Flüchtlingsschiffe, die von Europa aus über das Mittelmeer Palästina zu erreichen suchten, wurden von der britischen Marine abgefangen. Mehr als 50.000 schwache, kranke, ausgehungerte Juden, die dem Holocaust entkommen konnten, wurden zwischen Sommer 1946 und Mai 1948 hinter englischem Stacheldraht auf der Mittelmeerinsel Zypern interniert.

Widerstandsgruppen, von denen manche seit den 20er Jahren aktiv in den jüdischen Untergrundverbänden der »Hagana« zur Verteidigung der jüdischen Pionierdörfer beigetragen hatten, wollten die Engländer allen Weißbüchern zum Trotz dazu zwingen, sich an ihr in der Balfour-Erklärung gegebenes Versprechen zu halten und dem jüdischen Volk die Gründung eines eigenen Staates in Palästina zu ermöglichen. Sie sprengten Eisenbahnlinien, Straßen und Brücken. Die Briten errichteten im Gegenzug überall Straßensperren und machten Hausdurchsuchungen, um Waffen, Sprengstoff und die Rädelsführer des jüdischen Freiheitskampfes dingfest zu machen. Bei dem spektakulärsten Anschlag auf das King-David-Hotel in Jerusalem kamen mehr als 90 Menschen ums Leben. Die Briten verhängten eine Ausgangssperre über die Stadt und verhafteten Hunderte von Verdächtigen.

Eine Untersuchungskommission aus sechs Briten und sechs Amerikanern besuchte die jüdischen Flüchtlingslager in Europa und traf danach arabische und jüdische Vertreter in Palästina. Ende April 1946 wurde einstimmig die Empfehlung ausgesprochen, das Weißbuch von 1939 für ungültig zu erklären und sofort 100.000 jüdische Flüchtlinge ins Land zu lassen. Die britische Mandatsmacht erklärte sich bereit, diesen Forderungen nachzukommen, wenn alle jüdischen Untergrundorganisationen ihre Waffen abgäben.

Die politische Lage im Nahen Osten veränderte sich bald nach Ende des Zweiten Weltkrieges. 1945 entließ Frankreich den Libanon in die Unabhängigkeit, ein Jahr danach Syrien. 1946 gewährte Großbritannien dem Königreich Transjordanien die Eigenstaatlichkeit. Nur die Unabhängigkeit des jüdischen Palästina wurde noch weiter hinausgezögert, weil man das Westjordanland noch einmal in zwei Staaten teilen wollte.

DER MORISON-GRADY-PLAN

Das als »Morison-Grady-Plan« bekannt gewordene Papier sah eine Aufteilung Restpalästinas in vier Zonen vor.

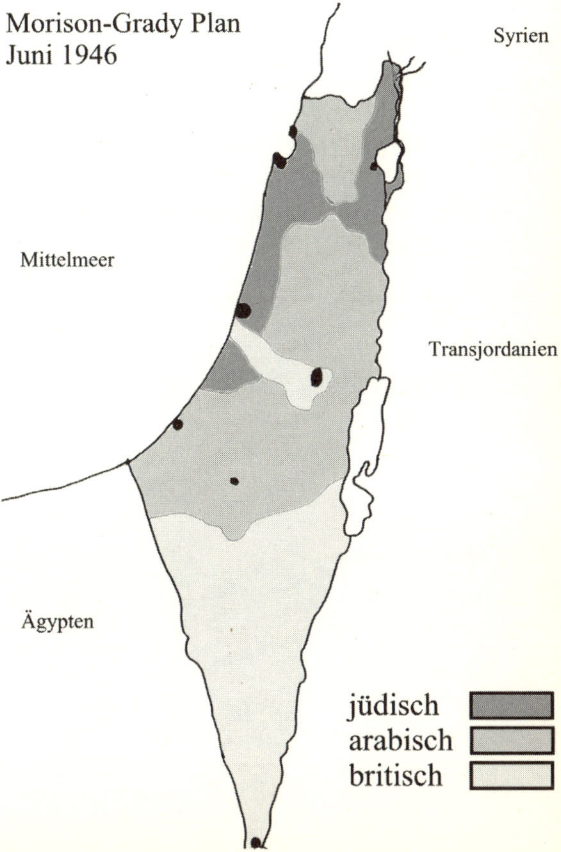

17 Prozent des Landes westlich des Jordan sollte jüdisch werden, 40 Prozent arabisch. Das Gebiet Jerusalem und die Negev-Wüste umfasste 43 Prozent und sollte unter britischer Verwaltung verbleiben.

Jede Zone sollte eine autonome Regionalverwaltung bekommen, die allerdings jeweils der britischen Zentralregierung unterstellt sein sollte. Die Engländer wollten auch die jüdische Einwanderung in die jüdische Zone selbst kontrollieren.

Der Morison-Grady-Plan wurde von allen Beteiligten, Juden wie Arabern, und auch von den Amerikanern abgelehnt. Deshalb übergab die britische Regierung die Palästinafrage am 18. Februar 1947 in die Hände der Vereinten Nationen.

JÜDISCHER VORSCHLAG

Nachdem die Verantwortung wieder bei der internationalen Völkergemeinschaft lag, unterbreitete die Jewish Agency im Mai 1947 ihre Vorschläge an die Vereinten Nationen. Für die jüdischen Wohn- und Anbaugebiete brachte sie ihre Maximalwünsche zum Ausdruck.

Wenn die Stadt Jerusalem schon einer internationalen Verwaltung unterstellt werden sollte, dann auch der Hafen und die Stadt Jaffa, deren Einwohner mehrheitlich Araber waren. Die Hafenstadt Jaffa sollte nach den jüdischen Vorstellungen keine territoriale Verbindung zum arabischen Staat haben.

Für das internationale Jerusalem ist kein Korridor zum Mittelmeer mehr vorgesehen. Vom jüdischen Staat aus wäre ein Zugang zur Stadt nur von der Wüste Juda her möglich.

Nachdem Vereinte Nationen und Araber diesen jüdischen Vorschlag zur Teilung des Westjordanlandes abgelehnt hatten, ernannte die UNO-Generalversammlung am 15. Mai 1947 eine Sonderkommission (UNSCOP), die vor Ort die Situation prüfen und Lösungsvorschläge erarbeiten sollte.

UNSCOP war schnell klar, dass das Land geteilt werden musste, und wollte ihre Vorschläge zu Grenzziehungen nach den örtlichen Gegebenheiten ausarbeiten.

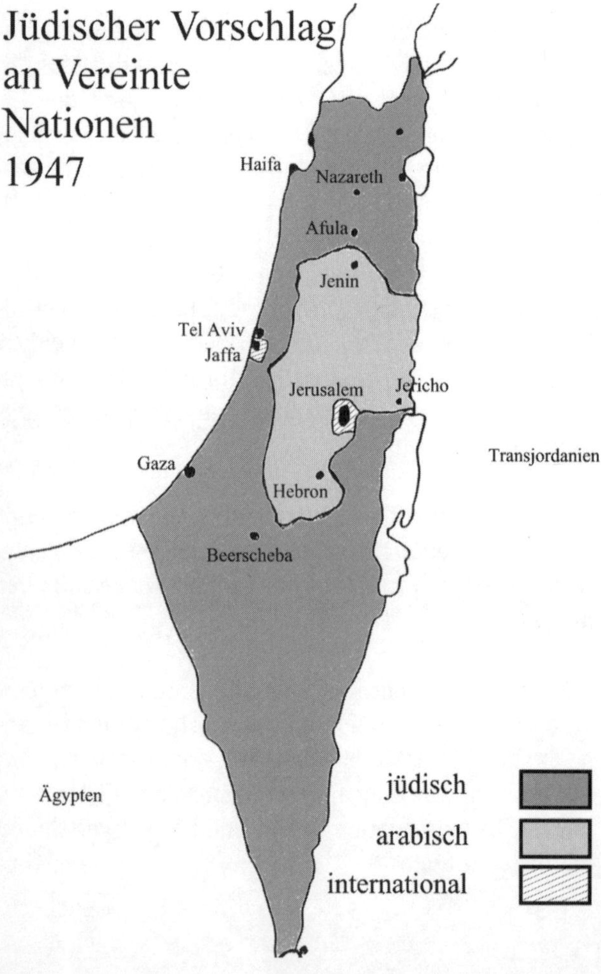

DIE SONDER-KOMMISSION UNSCOP

Vertreter aus elf Ländern fanden sich 1947 unter dem Vorsitz von Schweden in der UNO-Sonderkommission UNSCOP zusammen.

Die jüdische Seite unterstützte die Arbeit der UNSCOP, während die Araber aus ihrer Ablehnung kein Hehl machten und Kontakte mit den Ausschussmitgliedern mieden.

Die Vertreter Schwedens, Hollands, Polens, Kanadas, Uruguays, Guatemalas und Perus befürworteten eine Teilung des Landes in zwei voneinander unabhängige Staaten. Die Gesandten Indiens, des Iran und Jugoslawiens dagegen forderten eine Föderation einer jüdischen und einer arabischen Autonomie in Palästina und ein Mitspracherecht der Araber in Fragen der jüdischen Einwanderung. Australien enthielt sich bei der Abstimmung.

Zwei Lösungsvorschläge der UNSCOP wurden bereits durch eine Abstimmung innerhalb der Kommission abgelehnt. Ein dritter Teilungsvorschlag wurde am 29. November 1947 der Vollversammlung der Vereinten Nationen zur Abstimmung vorgelegt.

2 Vorschläge der UNO - Sonderkommission zur Zweiten Teilung Palästinas 1947

(wurden abgelehnt)

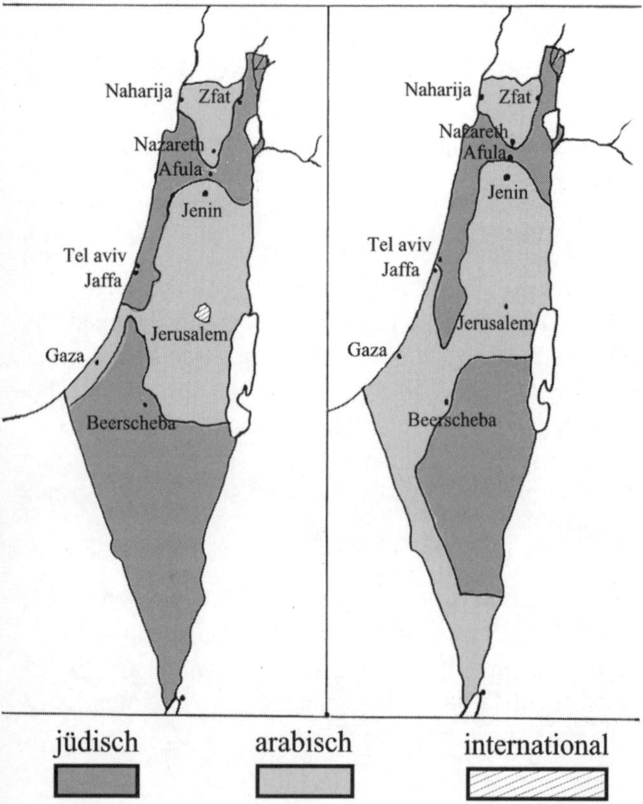

DIE UNO-RESOLUTION 181

Der arabische Terror und wirtschaftlicher Druck der Industrienationen hatte so schließlich zur Folge, dass die verbleibenden 25 Prozent des ursprünglich auch Jordanien umfassenden Mandatsgebiets Palästina noch einmal geteilt werden sollten.

Am 29. November 1947 stimmte die Generalversammlung der Vereinten Nationen in Lake Success im US-Bundesstaat New York über den dritten Teilungsvorschlag der UNSCOP ab. Mit 33 Ja-Stimmen, 13 Nein-Stimmen und zehn Enthaltungen wurde die UNO-Resolution 181 verabschiedet.

Konkret bedeutete dieser Beschluss, dass das britische Mandat über Palästina am 15. Mai 1948 beendet werden und dafür zwei souveräne Staaten entstehen sollten. Der jüdische Staat war auf einem Gebiet von 14.000 Quadratkilometern geplant. Jerusalem sollte als »Corpus separatus« einen internationalen Status erhalten.

Das jüdische Volk in aller Welt jubelte, weil damit ein jüdischer Staat international sanktioniert war. Der Jüdische Nationalrat nahm die Resolution 181 an, wohl wissend, dass dem »Jischuv«, der jüdischen Gesellschaft in Palästina, wegen des arabischen Widerstandes schwere Zeiten bevorstanden.

Die Araber Palästinas antworteten mit einem Generalstreik und verstärkten den Terror gegen jüdische Dörfer und öffentliche Verkehrsmittel. Sie waren fest entschlossen, den Judenstaat zu ersticken, noch bevor er geboren war. »Was in Lake Success mit Tinte geschrieben wurde, wird in Palästina mit Blut ausradiert werden. Das Schlachtfeld soll entscheiden, wer in diesem Lande leben wird«, erklärte der Führer des arabischen Nationalrates. Das Land versank in Chaos.

Die Araber wählten den Krieg, weil sie einen Ausrottungsfeldzug gegen die Juden leicht zu gewinnen hofften. Sie waren in der Überzahl. Die umliegenden arabischen Nachbarstaaten hatten gut gerüstete Armeen und konnten von allen Seiten gleichzeitig in Palästina einmarschieren.

Die Juden dagegen waren schlecht bewaffnet. Viele waren vom Holocaust körperlich und seelisch geschädigt und nur unzureichend militärisch ausgebildet. Von den vielen Neueinwanderern konnten nur wenige Hebräisch. Die Lage des Jischuv war äußerst kritisch.

Die kriegerischen Auseinandersetzungen begannen bereits in der Nacht vom 29. November 1947. Sie hielten an, bis am 14. Mai 1948 mit dem endgültigen Abzug der Engländer in Tel Aviv der jüdische Staat proklamiert wurde. Am darauf folgenden Tag erklärten fünf arabische Staaten dem jungen Israel den Krieg und eröffneten die Kampfhandlungen.

Die britischen Mandatsverwalter hatten sich kaum um

eine geregelte Regierungsübergabe an Juden oder Araber bemüht. In den Wochen vor dem offiziellen Abzugsdatum hatten die Briten ihre Truppen bereits schrittweise zurückgezogen, bis nur noch der Hafen von Haifa zu verlassen war. Strategisch wichtige Polizei- und Militärstützpunkte übergaben sie oftmals direkt an arabische Ehrenbürger, Bürgermeister oder Bandenführer – ein Indiz dafür, dass sie einen arabischen Sieg für unumgänglich hielten oder aber mit allen Mitteln unterstützten.

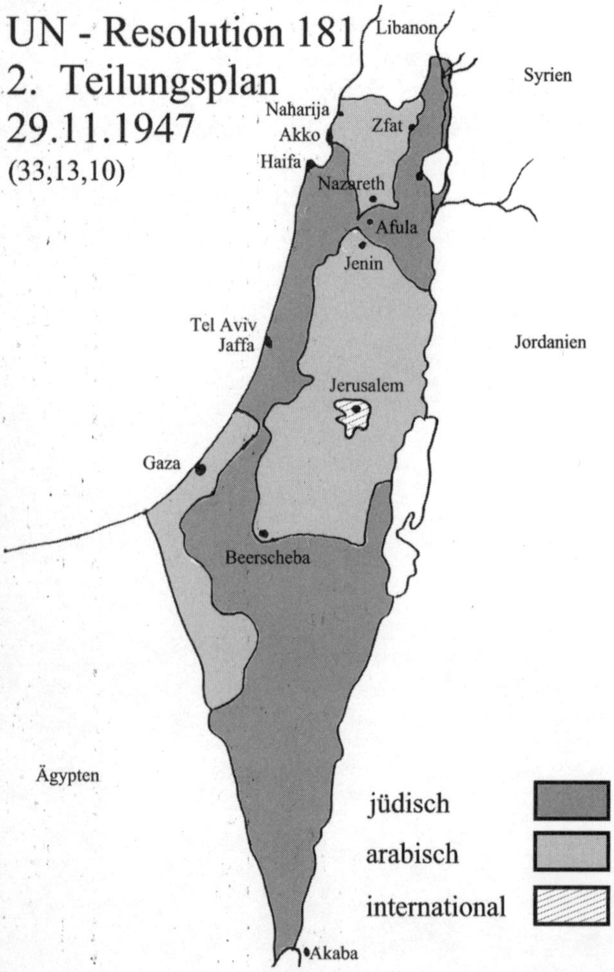
UN - Resolution 181
2. Teilungsplan
29.11.1947
(33,13,10)
Libanon
Syrien
Naharija
Akko
Zfat
Haifa
Nazareth
Afula
Jenin
Tel Aviv
Jaffa
Jordanien
Jerusalem
Gaza
Beerscheba
Ägypten
jüdisch
arabisch
international
Akaba

DIE WAFFENSTILL-STANDSLINIEN VON 1949

Am 4. März 1949 wurde der Staat Israel Mitglied der Vereinten Nationen. In den Wochen davor und danach wurden auf der griechischen Insel Rhodos verschiedene Waffenstillstandsabkommen ausgehandelt und unterzeichnet, nachdem fast ein Jahr lang der Unabhängigkeitskrieg das Leben des jungen Staates geprägt hatte: Am 24. Februar mit Ägypten, am 23. März mit dem Libanon, am 3. April mit Jordanien und erst am 20. Juli mit Syrien.

Wie von den Arabern gewünscht, hat nicht ein Beschluss der UNO, sondern das Schlachtfeld über die Grenzen des jüdischen Staates Israel entschieden. Keine dieser Waffenstillstandslinien wurde je als Grenze anerkannt und vor allem von der arabischen Welt strikt abgelehnt. Doch jetzt gehört ganz Galiläa zu Israel.

Das biblische Judäa und Samaria wurden von Jordanien besetzt. Dieses Gebiet wurde in der Folgezeit als »Westjordanland« oder »Westbank« bekannt. 1922 war der Jordangraben als Westgrenze Transjordaniens festgelegt worden. Judäa und Samaria waren nie jordanisches Staatsgebiet. Die Annexion dieser Gebiete im Laufe der 19-jährigen jordanischen Besatzung wurde lediglich von Großbritannien (!) und Pakistan anerkannt, ansonsten nicht einmal von der Arabischen Liga.

Der Jerusalem-Korridor und die ganze Weststadt Jerusalems kamen in jüdische Hand. Das alte jüdische Viertel der Jerusalemer Altstadt wurde von den Jordaniern erobert. Sie zerstörten 58 Synagogen und vertrieben die jüdische Bevölkerung oder nahmen sie in Gefangenschaft. Der Gazastreifen war von den Ägyptern besetzt worden.

Am 10. März 1949 erreichten die ersten israelischen Soldaten auf dem Weg durch die unwegsame Negev-Wüste, bei Umm el-Rasch Rasch am Golf von Akaba, das Rote Meer. Neben einer alten, verlassenen Steinhütte hissten sie eine provisorische israelische Fahne: ein weißes Tuch, auf dem mit Jod die blauen Streifen und ein Davidstern gezeichnet worden waren – alles Materialien aus der Erste-Hilfe-Tasche. Damit war die Südspitze des Landes markiert. Bald darauf wurde Israels südlichste Stadt, sein Tor zum Fernen Osten, gegründet: Eilat.

So konnte der Staat Israel seine Existenz behaupten. Per Selbstdefinition ist er ein Zufluchtsort für Juden aus aller Welt. Die ersten Flüchtlinge kamen aus dem Holocaust Europas. Nach dem Unabhängigkeitskrieg folgten circa 700.000 jüdische Flüchtlinge aus der arabischen Welt, so dass angesichts der arabischen Flüchtlingszahlen in dieser Zeit ein Bevölkerungsaustausch zwischen Israel und seinen arabischen Nachbarn stattfand. Durch Antisemitismus und Israelfeindschaft der Araber wurden die Juden der arabischen Länder zur Flucht gezwungen.

In der Zeit zwischen der Staatsgründung am 14. Mai 1948 bis zum Ende desselben.Jahres wanderten etwa

Waffenstillstands-linien 1949 - 1967

100.000 Juden nach Israel ein. Im Jahr 1949 waren es noch einmal 240.000, so dass Israel im Dezember 1949 seinen 1-millionsten jüdischen Bürger begrüßen konnte. Freude und Begeisterung über den Bevölkerungszuwachs wurden durch die unbeschreibliche Not der Flüchtlinge gedämpft. 140 notdürftige Massenzeltlager waren über das ganze Land verteilt. In den Jahren 1950 und 1951 kamen weitere 700.000 »Olim«, wie die Neueinwanderer auf Hebräisch genannt werden, hinzu.

Israel hatte gehofft, dass den Waffenstillstandsabkommen mit seinen arabischen Nachbarn Friedensverträge folgen, die Waffenstillstandslinien zu anerkannten Grenzen würden. Diese Hoffnung erwies sich aber bald als trügerisch. Terrorüberfälle aus dem ägyptisch besetzten Gazastreifen und aus dem von Jordanien besetzten Judäa, Samaria und Ostjerusalem versetzten die Bürger des jungen Staates in Angst und Schrecken. Auch Syrien ließ keine Gelegenheit ungenutzt, um die jüdischen Aufbauarbeiten im Huletal und die Fischer auf dem See Genezareth zu stören.

In den Jahren 1953-1956 führten die »Fedajun«, wie die Freischärler auf Arabisch genannt wurden, Hunderte von Anschlägen auf israelische Ziele aus. Der jüdische Staat reagierte mit Gegenangriffen auf die Lager der Fedajun und militärische Stellungen der Ägypter, Jordanier und Syrer.

Massive Rüstungslieferungen aus der Sowjetunion und der Tschechoslowakei unterstützten die Ambitionen des ägyptischen Präsidenten Gamal Abdel Nasser. Die

Lage wurde von Monat zu Monat unsicherer und verworrener. Als Nasser die Zufahrt nach Eilat durch das Rote Meer blockierte, drohte Israels Generalstabschef Mosche Dajan mit Gegenmaßnahmen, auch gegen die Terrorbasen im Gazastreifen.

Großbritannien und Frankreich lieferten in dieser Zeit Rüstungsgüter an Israel, weil sie ein gemeinsames Interesse hatten: den Seeweg durch den Suezkanal offen zu halten. Als Gamal Abdel Nasser dann am 26. Juli 1956 den Suezkanal verstaatlichte, wurde ein gemeinsames israelisch-britisch-französisches Vorgehen unumgänglich.

DER SINAI-FELDZUG

Am 29. Oktober 1956 griff Israel Ägypten an. Unmittelbarer »Casus belli«, das heißt »Kriegsgrund«, für den so genannten Sinai-Feldzug war die Sperrung der Straße von Tiran im Roten Meer für israelische Schiffe. Darüber hinaus lag den Israelis aber auch daran, dem ständigen Terror aus dem ägyptisch verwalteten Gazastreifen ein Ende zu bereiten und Ägypten, wenn möglich, zu einem Friedensvertrag zu zwingen. Und schließlich spielten britische und französische Interessen, sich des Suezkanals zu bemächtigen, eine entscheidende Rolle. Die Kampfhandlungen dauerten bis zum 5. November 1956.

Israel hielt die Sinai-Halbinsel nicht sehr lange besetzt. Die Vereinigten Staaten und die Vereinten Nationen übten schweren Druck auf Israel aus, so dass die israelische Armee Anfang 1957 einen langsamen Rückzug begann – nach harten Verhandlungen und Forderungen nach Sicherheitsgarantien. Israel machte klar, dass es auch künftig jede Blockade des Hafens von Eilat und seiner Zufahrt als Kriegserklärung verstehen werde.

In Folge des Sinai-Feldzuges wurden UNO-Friedenstruppen im Sinai stationiert, die allerdings im Mai 1967 von Nasser des Landes verwiesen wurden. Kurz verlegte Ägypten 80.000 Soldaten in die Sinai-Halbinsel. Innerhalb weniger Tage standen 800 ägyptische Panzer östlich des Suezkanals zum Angriff bereit.

DER SECHSTAGEKRIEG

5.-10. Juni 1967

Am 22. Mai 1967 ließ der ägyptische Präsident Gamal Abdel Nasser die Straße von Tiran am Südende des Golfes von Akaba für den Schiffsverkehr von und nach Israel schließen. Am 26. Mai erklärte er, Israel vernichten zu wollen. Einige Tage später wurden auch die jordanischen und irakischen Streitkräfte ägyptischem Oberkommando unterstellt.

Israel bildete in jenen kritischen Tagen eine Regierung der Nationalen Einheit. Mosche Dayan wurde zum Verteidigungsminister berufen.

Nachdem alle diplomatischen Möglichkeiten erschöpft waren, zerstörte am 5. Juni 1967 die israelische Luftwaffe in einem Präventivschlag innerhalb weniger Stunden den größten Teil der ägyptischen und syrischen Luftstreitkräfte. Innerhalb weniger Tage eroberten die israelischen Bodentruppen wieder den ganzen Sinai.

Der jordanische König Hussein schlug einen israelischen Appell, nicht in den Krieg einzusteigen, der ihn am 5. Juni durch UN-Vermittlung erreichte, in den Wind. Jordanische Luftangriffe und vor allem der Artilleriebeschuss Jerusalems ließen Israel keine andere Wahl, als mit allen Mitteln gegen Jordanien vorzugehen. Innerhalb weniger Tage waren so auch Jerusalem, Judäa und Samaria in israelischer Hand.

Nicht nur die Kämpfe an der Südwest- und der Ostfront waren überraschend schnell entschieden. Auch im Nordosten konnte die israelische Armee innerhalb von zwei Tagen die Golanhöhen erobern, von denen aus die Syrer israelische Ortschaften im Norden des Landes jahrelang beschossen hatten.

Israel nutzte schließlich auch die Gelegenheit, die Wasserquellen und Zuflüsse zum Jordan und zum See Genezareth zu sichern. Anfang der 60-er Jahre hatten die Syrer bereits versucht, die Jordanzuflüsse durch einen Kanal in den Jarmuk umzuleiten und den Israelis so das kostbare Nass zu rauben.

Als am 10. Juni 1967 auf Drängen des UNO-Sicherheitsrates die Kampfhandlungen eingestellt wurden, hatte Israel einen überraschenden und überwältigenden Sieg über die Armeen Ägyptens, Jordaniens und Syriens errungen.

Jerusalem war nach 19 Jahren Trennung wieder vereint. Stacheldrahtverhaue, Betonmauern und Minenfelder wurden beseitigt. Das jüdische Viertel in der Altstadt von Jerusalem konnte gesäubert und die Trümmer der Zerstörung konnten geräumt werden. Vor allem aber war der Weg frei zur Westmauer und sogar zum Tempelberg. Bereits im Juli 1967 verurteilte die Generalversammlung der Vereinten Nationen mit den Resolutionen 2253 und 2254 die israelischen Aktivitäten im Ostteil Jerusalems.

Im Sechstagekrieg eroberte der moderne Staat Israel

das alte, biblische Kernland, in dem die Anfänge des jüdischen Volkes lagen und in dem ein Großteil der Heiligen Schrift entstanden ist: Neben der Altstadt von Jerusalem waren das vor allem die biblischen Städte Sichem (heute Nablus), Bethlehem und Hebron mit ihren heiligen Stätten, das Jordantal und das Bergland von Samaria und Judäa.

Der Sechstagekrieg veränderte die geopolitische Lage im Nahen Osten grundsätzlich, nicht nur im Bewusstsein der Welt. Der einst winzige jüdische Staat hatte nun große Landflächen zu verwalten und die Verantwortung für eine nicht-israelische Zivilbevölkerung zu übernehmen. Im Rückblick wurde der Staat Israel im Juni 1967 mit dem Sechstagekrieg zur Besatzungsmacht.

Wenige Tage nach Kriegsende signalisierte Israel Mitte Juni 1967 an Syrien und Ägypten, es wolle sich vollständig aus dem Sinai und von den Golanhöhen zurückziehen, wenn die beiden Länder zu einem Friedensschluss bereit seien. Erst am 1. September 1967 konnten sich die Araber zu einer Antwort auf das Rückzugsangebot Israels durchringen. In der sudanesischen Hauptstadt Khartoum verabschiedeten sie ihre »drei kategorischen Nein«: 1. zu Verhandlungen, 2. zu einem Frieden und 3. zu einer Anerkennung des jüdischen Staates Israel.

Am 22. November 1967 forderte der UNO-Sicherheitsrat in der Resolution 242 einen Rückzug Israels aus eroberten Gebieten, ein Ende des Krieges, die Unverletzlichkeit eines jeden Staates in der Region, eine Garantie für freie Navigation auf den internationalen Wasserstra-

Von Israel beherrschte Gebiete nach dem Waffenstillstand am 10.6.1967

ßen, sichere und anerkannte Grenzen und eine Lösung des Flüchtlingsproblems.

Bemerkenswert ist nicht nur die mangelnde Eindeutigkeit dieser Resolution, die bis heute internationale Rechtsgrundlage aller politischen Verhandlungen Israels mit seinen Nachbarn ist. Die Grenzen zwischen Israel und seinen Nachbarn werden in keiner Weise festgelegt. Mit keinem Wort wird die Gründung eines neuen arabischen Staates auf den umstrittenen Territorien gefordert, was ja auch in den Jahren ägyptischer und jordanischer Besatzung nie im Gespräch war. Und die Worte »Palästina«, »Palästinenser« oder »palästinensisch« tauchen nicht ein einziges Mal auf.

DER JOM-KIPPUR-KRIEG

Der »Jom Kippur«, der große Versöhnungstag, ist der heiligste Feiertag des Judentums. An diesem Tag liegt im jüdischen Staat das gesamte öffentliche Leben still. Sowohl Radio- und Fernsehstationen als auch der gesamte Verkehr ruhen. Die ganze Bevölkerung Israels ist entweder zu Hause oder fastet und betet in den Synagogen des Landes.

Am 6. Oktober 1973, dem Jom Kippur des jüdischen Jahres 5734, griffen Ägypten und Syrien vollkommen überraschend den Staat Israel an. Im Rückblick wird der Jom-Kippur-Krieg mit einem der größten geheimdienstlichen Versagen in der Geschichte verbunden, weil zwar eindeutige Anzeichen für die Kriegsvorbereitungen der arabischen Länder vorlagen, diese jedoch von der israelischen Regierung unter Golda Meir nicht ernst genommen worden waren.

Bis die israelische Armee nach einer eiligen Mobilmachung das Blatt zu ihren Gunsten wenden konnte, mussten sowohl auf den Golanhöhen als auch an der schwer befestigten Bar-Lev-Linie im Sinai hohe Verluste hingenommen werden. Schließlich standen die Truppen Israels dann aber im Norden 40 Kilometer vor der syrischen Hauptstadt Damaskus und im Süden war die 3. ägyptische Armee eingeschlossen, während Israel seinen Brückenkopf westlich des Suezkanals ausbaute. Auch der Weg auf die ägyptische Hauptstadt Kairo war frei.

Damaskus und Kairo begriffen schnell, dass eine Fortführung des Krieges keinen Ruhm versprach und erklärten sich zu einem sofortigen Waffenstillstand bereit, der dann am Morgen des 24. Oktober 1973 in Kraft trat. Nach monatelangen Verhandlungen wurde schließlich ein Truppenentflechtungsabkommen vereinbart. Westlich der syrischen Stadt Kuneitra wurde auf den Golanhöhen eine neue Trennlinie gezogen, die von UN-Beobachtern gesichert wurde. Auch entlang des Suez-Kanals wurden die Truppenstärken auf beiden Seiten durch Absprachen reguliert.

Interessant ist, dass der Oktoberkrieg in Ägypten und Syrien bis heute als Sieg gefeiert wird. Offensichtlich hat die arabische Volkspsyche nur den überraschenden und erfolgreichen Beginn des Krieges im Gedächtnis behalten und den demütigenden Ausgang verdrängt. Dieser vermeintliche arabische Sieg im Oktober 1973 machte aber den Weg frei dafür, dass der ägyptische Präsident Anwar el-Sadat einige Jahre später Verhandlungen mit dem israelischen Feind aufnehmen konnte.

FRIEDEN MIT ÄGYPTEN

Eigentlich hatte man mit der Wahl Menachem Begins zum israelischen Premierminister im Mai 1977 eine Verschärfung der Lage erwartet. Doch dann rief Begin die arabischen Nachbarn zum Frieden auf, es kam zu Gesprächen und am 19. November 1977 überraschte der ägyptische Präsident Anwar el-Sadat die ganze Welt mit seinem Besuch in Jerusalem.

Im September 1978 handelten amerikanische, ägyptische und israelische Diplomaten und Politiker im amerikanischen Camp David ein zweiteiliges Vertragswerk aus. Der erste Teil sah einen israelisch-ägyptischen Friedensvertrag, die Rückgabe der Sinaihalbinsel an Ägypten und eine Normalisierung der Beziehungen zwischen beiden Ländern vor. Der zweite Teil forderte Gespräche zwischen Ägypten, Israel, Jordanien und den Palästinensern, eine Palästinenserautonomie im Westjordanland und im Gazastreifen, eine fünfjährige Übergangsphase vor einem Endstatusvertrag und einen jordanisch-israelischen Friedensvertrag.

Am 26. März 1979 unterzeichneten dann der ägyptische Präsident Anwar el-Sadat und der israelische Premierminister Menachem Begin das Friedensabkommen von Camp David. Gastgeber im Weißen Haus in Washington war der amerikanische Präsident Jimmy Carter. Damit schuf der als rechtsextrem verschriene Menachem Begin nicht nur den Präzedenzfall, »Land für Frieden« zu geben, sondern erkannte auch das Recht der Palästinenser auf Selbstbestimmung an und legte die rechtliche Grundlage für eine palästinensische Autonomie.

Am 25. April 1982 zog sich Israel aus der Sinai-Halbinsel zurück. Israel überließ den Ägyptern Militärstützpunkte, Ölfelder, Straßen, Wasser- und Stromleitungen, Freizeitanlagen und vieles mehr. Erstmals räumte und zerstörte Israel israelische Siedlungen, Felder und Plantagen.

Das Verhältnis mit Ägypten entwickelte sich zu einem kalten Frieden. Antisemitische Hetze ist in den ägyptischen Medien bis heute gegenwärtig und Ägypter, die als Geschäftsleute den israelischen Markt erschließen oder als Touristen das gelobte Land bereisen wollen, werden vom Geheimdienst unter Druck gesetzt, dies zu unterlassen.

Am 6. Oktober 1981, acht Jahre nach dem Oktoberkrieg, wurde Präsident Sadat bei einer Militärparade zur Feier des Sieges über den zionistischen Feind, von islamischen Extremisten ermordet. Nur wenige Jahre lang wurde Ägypten wegen seines Friedensvertrages mit Israel in der arabischen Welt geächtet, bis es sich seine Vorreiterrolle in der Arabischen Liga wieder erobern konnte. Abgesehen von einer kurzen Visite zur Beisetzung des ermordeten israelischen Premierministers Jitzchak Rabin hat der Nachfolger Sadats, Husni Mubarak, bislang jeden Besuch in Israel vermieden.

Israel

seit der Sinai - Rückgabe
25 April 1982

1982

DIE VERTRÄGE VON OSLO

Nach dem Fall der Sowjetunion konnte der Westen nach dem ersten Golfkrieg 1991 in Madrid die Araber mit Israel an einen Verhandlungstisch bringen. Während in Madrid 1991 Palästinenser und Jordanier (theoretisch) noch in einer gemeinsamen Delegation vertreten waren, führten Geheimverhandlungen im norwegischen Oslo in den darauf folgenden Jahren zu einem direkten Abkommen zwischen Israel und der Palästinensischen Befreiungsbewegung PLO.

In der zweiten Augusthälfte 1993 einigten sich Vertreter Israels und der PLO in Oslo auf eine Grundsatzerklärung. Am 9. September erkannten sich Israel und die PLO gegenseitig in einem Briefwechsel an. Am 13. September 1993 trafen sich dann der israelische Premierminister Jitzchak Rabin, PLO-Chef Jasser Arafat und der amerikanische Präsident Bill Clinton zu dem berühmten Händedruck auf dem grünen Rasen vor dem Weißen Haus in Washington. Die Grundsatzerklärung unterzeichneten Schimon Peres (Israel), Mahmud Abbas (PLO), Warren Christopher (USA) und Andrej Kosyrev (Russland).

Angefangen hat man mit den Städten Jericho und Gaza, dann wurden Bethlehem, Hebron, Ramalla, Nablus, Dschenin, Tulkarem und Kalkilia in die Selbstverwaltung entlassen. Später wurden weitere Ortschaften den palästinensischen Autonomiegebieten angegliedert.

Autonomiegebiete

der
Palästinenser
seit den Oslo-Verträgen
1993...

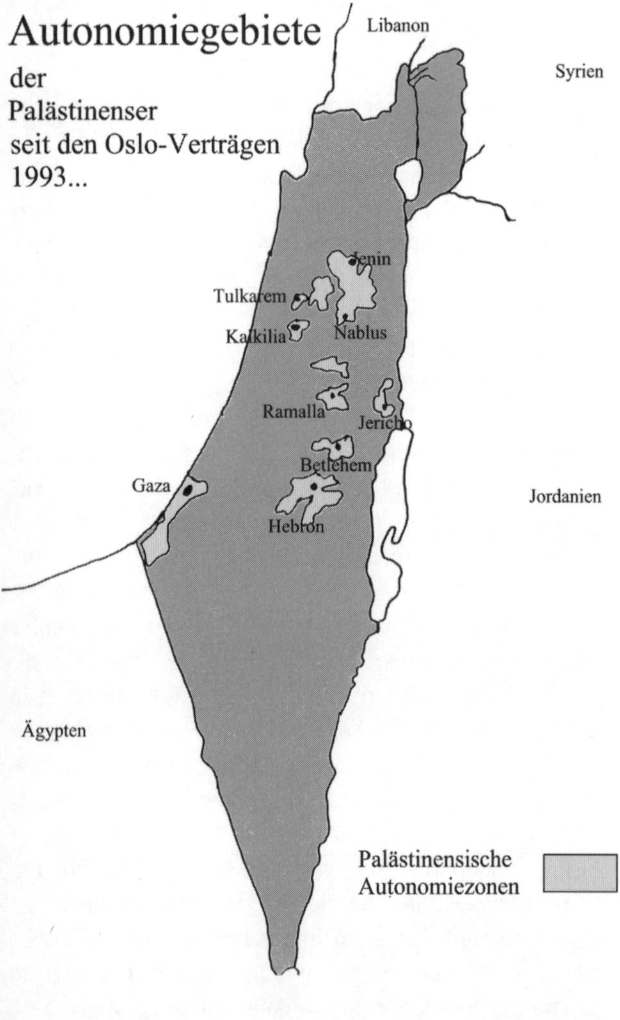

Autonomie und Teilautonomie-gebiete

der Palästinenser

(seit 1995...)

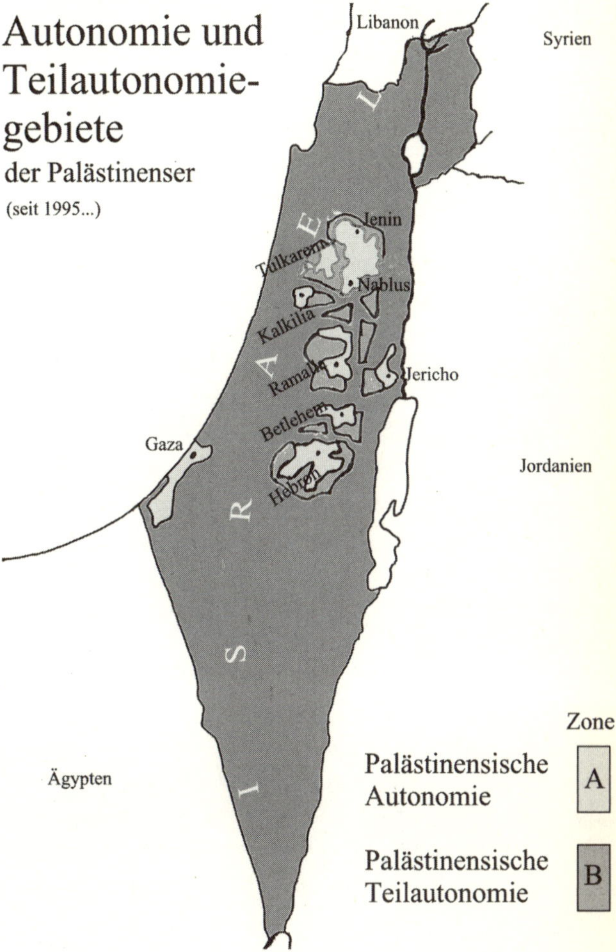

1995 wurde das Abkommen von Oslo nach weiteren Verhandlungen durch einen Zusatzvertrag, genannt »Oslo B«, ergänzt. Weitere 2.000 Quadratkilometer wurden der Palästinensischen Autonomiebehörde (PA) unterstellt.

Mit »Oslo B« begann die Aufteilung der umstrittenen Gebiete in die Zonen A, B und C. Die »Zone A« sollte vollkommen unter palästinensischer Verwaltung stehen. In »Zone B« sollte die PA alle zivilrechtlichen Angelegenheiten regeln, während die israelische Armee für die Sicherheit zuständig ist. Als »Zone C« wird das Gebiet bezeichnet, das nach wie vor vollkommen von Israel verwaltet wird.

Von Anfang an erklärten extremistische palästinensische Organisationen, dass sie die Abkommen von Oslo nie akzeptieren würden. Dazu gehörten die radikal-islamischen Organisationen Hamas und Islamischer Dschihad, aber auch sozialistisch-kommunistisch geprägte Vereinigungen wie die Volksfront zur Befreiung Palästinas (PFLP) oder die Demokratische Front zur Befreiung Palästinas (DFLP).

Diese Organisationen überzogen Israel nach den Abkommen von Oslo mit einer beispiellosen Welle des Terrors, die vor allem durch das neue Phänomen der Selbstmordattentate gekennzeichnet ist. Fatal ist dabei, dass nach wie vor nicht nur radikale Islamisten eine Befreiung von ganz Palästina, »vom Fluss [Jordan] bis zum [Mittel-] Meer« fordern.

Die Formel »Land für Frieden«, mit der sich Israel seit 1967 um Frieden und Anerkennung bemüht hat, erwies sich als Betrug. Israel gab Land an die Araber ab und bekam dafür nur noch mehr Terror. Jede neue Landabgabe Israels wurde und wird von der arabischen Seite als Schwäche, und damit als Ermutigung für neuen Terror, interpretiert.

In diesem Zusammenhang wurde das Angebot des israelischen Premierministers Ehud Barak im Juli 2000 in Camp David an den Präsidenten der Palästinensischen Autonomiebehörde, Jasser Arafat, ebenso missverstanden wie der Rückzug Israels im Mai 2000 aus dem Südlibanon. Anstatt die Gelegenheit zu ergreifen, einzugestehen, dass einzig der jüdische Staat Israel je den palästinensischen Arabern eine Selbstverwaltung anbot, »verpassten die Palästinenser keine Gelegenheit, eine Gelegenheit zu verpassen« und meinen bis heute, sie könnten durch Terror mehr erreichen als durch Verhandlungen.

Durch die Absperrung der Palästinensergebiete, die gezielte Bombardierung von Prestigeobjekten und den Einmarsch in die Autonomiegebiete und schließlich durch die gezielte Tötung von maßgeblichen Terroristen versucht sich der Staat Israel gegen den Selbstmordterror zu wehren. Dadurch ist die humanitäre Lage des palästinensischen Volkes heute so katastrophal, dass sie von westlichen Beobachtern oftmals als Ursache des Terrors fehlinterpretiert wird.

FRIEDEN MIT JORDANIEN

Im Zusammenhang mit den Abkommen von Oslo wurde auch ein Friedensschluss mit dem haschemitischen Königreich möglich.

Schon König Abdallah I. hatte Geheimkontakte mit dem jüdischen Staat unterhalten, wovon sowohl Israel als auch Jordanien entscheidend profitiert haben. Aufgrund seiner Israelsympathien wurde er auch im Jahre 1951 im Beisein seines Enkels Hussein auf dem Tempelplatz in Jerusalem ermordet.

Im Sommer 1994 war endlich ein erstes offizielles Treffen von König Hussein mit dem israelischen Premierminister Jitzchak Rabin und dessen Außenminister Schimon Peres möglich.

Nach Beratungen mit Präsident Husni Mubarak von Ägypten und Präsident Hafes el-Assad von Syrien wandte sich König Hussein an den amerikanischen Präsidenten Bill Clinton und bat um Vermittlung.

Am 26. Oktober 1994 wurde in der Wüstensenke Arava, wenige Kilometer nördlich der israelischen Stadt Eilat und der jordanischen Stadt Akaba in einer feierlichen Zeremonie der jordanisch-israelische Friedensvertrag unterzeichnet. Das hatte zur Folge, dass im Jordantal und in der Arava Grenzkorrekturen zu Gunsten von Jordanien vorgenommen wurden.

DER »ANTI-TERROR-ZAUN«

Das Schlachtfeld soll bestimmen, wer an welcher Stelle leben wird. Das haben sich arabische Stimmen 1948 vor der Gründung des Staates Israel gewünscht. Und dieses Prinzip scheint noch immer nicht außer Mode gekommen zu sein. Durch »die Mauer« oder »den Zaun« zieht Israel eine De-facto-Grenze, die ganz offensichtlich nicht durch den Versuch, mehr Land zu gewinnen, motiviert ist, sondern durch die Sicherheitsbedürfnisse des jüdischen Staates.

Seit Beginn des Jahres 2004 baut Israel im Rahmen seiner Maßnahmen gegen den palästinensischen Terror eine Sperranlage, die in der Weltöffentlichkeit großes Aufsehen erregt hat. Die Palästinenser wehren sich gegen die »Apartheid-Mauer« – so die offizielle arabische Bezeichnung –, weil sie dadurch eingesperrt und in ihren Entfaltungsmöglichkeiten behindert werden. Israel verteidigt den »Anti-Terror-Zaun« als unvermeidbar. Dabei ist die Maxime auf israelischer Seite entscheidend: Ein Zaun lässt sich versetzen oder wieder abreißen, wenn das die politischen Verhältnisse erlauben; Menschen, die durch den Terror getötet oder verstümmelt wurden, sind nicht wieder herstellbar.

Tatsache ist zunächst einmal, dass die auf eine Länge von 720 Kilometern geplante Sperranlage zu über 90 Prozent aus Zaun bestehen wird. Zwischen fünf und sieben Prozent des Mammutbauwerkes ist Betonmauer geplant und zwar an den Stellen, an denen sie auch als Schutz vor palästinensischen Scharfschützen dienen soll.

Der »Anti-Terror-Zaun« ist eine Maßnahme in einer ganzen Reihe von Aktivitäten, durch die sich der jüdische Staat vor dem palästinensisch-islamistischen Terror schützen will. Und die »Mauer« ist nachweislich effektiv. Ein Vergleich der Terroropfer in den Jahren 2002 und 2003 in den Gegenden, in denen der Zaun bereits steht, zeigt nach Angaben der Armee, dass mehr als 90 Prozent der Terroranschläge verhindert werden konnten.

Stacheldrahtverhau, ein Graben, der Fahrzeuge hindert, ein geeggter Streifen, der eigentliche Zaun, ein geeggter Streifen, eine Patrouillenstraße, ein dritter geeggter Streifen und noch ein letzter Stacheldrahtverhau – wenn die örtlichen Gegebenheiten keine Besonderheiten erfordern, sieht der Antiterrorzaun so aus. Das Zaunhindernis selbst kann innerhalb einiger Minuten mit einer Drahtzange überwunden werden. Das Entscheidende ist ein elektronisches Überwachungssystem aus Bewegungsmeldern, Sensoren und Kameras in Verbindung mit beweglichen Patrouillen, die einen Eindringling schnell und effektiv dingfest machen können.

Für den Verlauf der Sperranlage sind Sicherheitsüberlegungen entscheidend. Abgesehen von vier großen Siedlungsblöcken, Ariel, Givat Se'ev, Ma'ale Adumim und dem Gusch Etzion, orientiert sich der Verlauf an der »grünen Linie«. Private Landeigentümer und Bauern, deren Felder betroffen sind, werden entschädigt oder erhalten Pachtverträge.

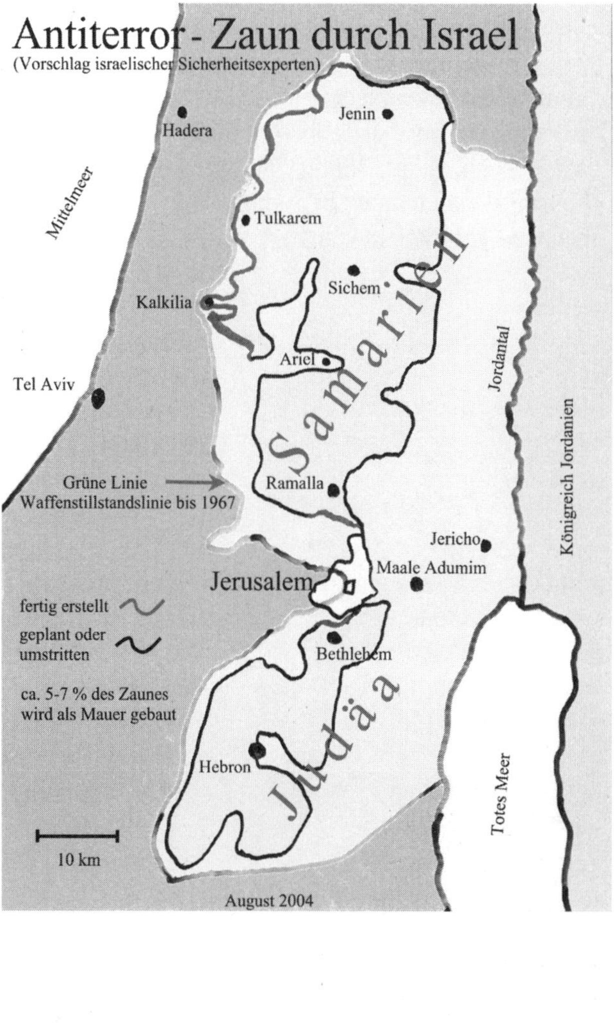
Antiterror - Zaun durch Israel
(Vorschlag israelischer Sicherheitsexperten)
Jenin
Hadera
Mittelmeer
Tulkarem
Sichem
Kalkilia
Ariel
Samarien
Jordantal
Tel Aviv
Königreich Jordanien
Grüne Linie
Waffenstillstandslinie bis 1967
Ramalla
Jericho
Maale Adumim
Jerusalem
fertig erstellt
geplant oder
umstritten
Bethlehem
ca. 5-7 % des Zaunes
wird als Mauer gebaut
Judäa
Hebron
Totes Meer
10 km
August 2004

Grundsätzlich wird der »Anti-Terror-Zaun« nicht als Grenzziehung von israelischer Seite definiert, sondern als eine zeitlich beschränkte Maßnahme gegen den Terror. Gegner des Zaunes auf beiden Seiten, beispielsweise Siedler, die vom Staat Israel abgeschnitten werden, und natürlich die Interessenvertreter der Palästinenser, befürchten aber, dass sich der »Anti-Terror-Zaun« letztendlich doch als Grenzziehung, im schlimmsten Falle als »Apartheid-Mauer« erweisen und wieder einmal Tatsachen vor Ort schaffen wird.

DER GAZASTREIFEN

Der Gazastreifen hat eine Fläche von 378 Quadratkilometern. Auf diesem Gebiet leben heute ungefähr 1,3 Millionen Palästinenser. Bis August 2005 lebten dort auch noch in 21 Siedlungen 8.500 Juden.

Im Unabhängigkeitskrieg wurde das Gebiet um die arabische Stadt Gaza von ägyptischen Truppen besetzt. Araber aus den heute israelischen Städten Jaffa, Aschdod und Beerscheva flohen damals in den Gazastreifen. Nach dem Waffenstillstandsabkommen im Jahre 1949 blieb er unter ägyptischer Verwaltung, gehörte aber nie zum anerkannten ägyptischen Staatsgebiet.

Im Sechstagekrieg wurde der Gazastreifen von Israel erobert. Die Flüchtlingslager aus dem Unabhängigkeitskrieg haben sich inzwischen zu riesigen Armuts- und Elendsvierteln entwickelt, vor allem deshalb, weil sich die arabische Seite - nicht nur im Gazastreifen, sondern auch in Judäa und Samaria und in den umliegenden Ländern Libanon, Syrien und Jordanien - vehement gegen eine humanitäre Lösung der Flüchtlingsfrage gesträubt hat. Offensichtlich erweist das allseits sichtbare Elend dieser Menschen der »palästinensischen Sache« einen guten Dienst.

Unter israelischer Verwaltung vor 1993 verbesserte sich die Lage der Bewohner des Gazastreifens. Tausende pendelten nach Israel zu ihren Arbeitsplätzen in den Städten oder in der Landwirtschaft. Bis zuletzt haben auch Tausende von arabischen Familien ihren Lebensunterhalt in den jüdischen Siedlungen des »Gusch Katif«, des Siedlungsblocks von Katif, verdient.

Mit dem »Gaza-Jericho-Zuerst«-Abkommen wurde der palästinensische Teil des Gazastreifens autonom. Nach Aussage der jüdischen Bewohner des Gazastreifens verschlechterte sich danach die Lage zusehends. Während 1993 nur zwei zivile Subaru-Autos der Siedlersicherheitsorganisation die Sicherheit ohne Zäune und Barrikaden garantieren konnten, waren bis Ende August 2005 Tausende von Soldaten mit schwerster militärischer Ausrüstung notwendig.

Im Rahmen des Planes zur einseitigen Trennung von den Palästinensern, den Ariel Scharon im Dezember 2003 verkündete, hat die israelische Regierung im August 2005 alle 21 jüdischen Ortschaften im Gazastreifen geräumt und fast dem Erdboden gleichgemacht. Die Synagogen wurden stehen gelassen. Am 12. September 2005 hat der letzte israelische Soldat den Gazastreifen verlassen. Damit sind 38 Jahre israelischer Militärverwaltung im Gazastreifen beendet. Noch in der gleichen Nacht stürmten palästinensische Massen die zerstörten Dörfer, zündeten die jüdischen Bethäuser an und zeigten eine unbändige Mischung von abgrundtiefem Hass und kindischer Siegesfreude.

Aus israelischer Sicht geht es beim Gazarückzug um eine bessere Positionierung Israels in einem Konflikt, in dem kein ernst zu nehmender Verhandlungspartner auf der anderen Seite zu erkennen ist. Aus palästinensischer

Sicht ist der Rückzug Israels aus dem Gazastreifen wieder einmal ein Sieg des Terrors, gerade auch, weil er nicht im Rahmen von Verhandlungen, sondern einseitig vollzogen wurde.

Der Gaza Streifen

bis August 2005

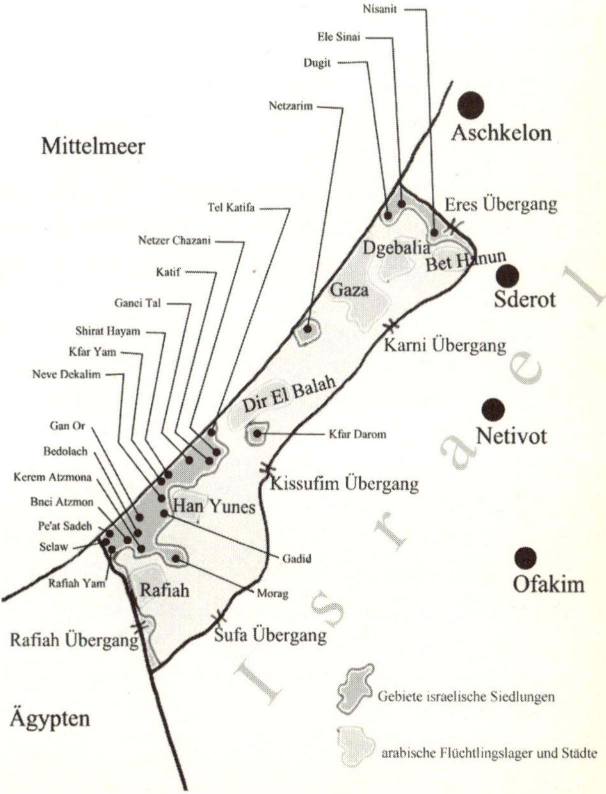

JÜDISCHE SIEDLUNGSBLÖCKE IN JUDÄA UND SAMARIA

Nach der Umsetzung des einseitigen Trennungsplans der Regierung Scharon im August und September 2005 wird von der internationalen Gemeinschaft die weitere Räumung von Siedlungen im so genannten Westjordanland gefordert. Bislang sind jegliche weiteren Pläne der israelischen Regierung Spekulation.

Mehrmals hat Premierminister Ariel Scharon wiederholt, dass »die großen Siedlungsblöcke« auf alle Fälle bei Israel bleiben werden. Dabei geht es um die folgenden fünf großen Siedlungsblöcke:

1. Gusch Etzion: In diesem Gebiet südlich von Jerusalem in den Bergen Judäas gab es bereits seit 1927 jüdische Siedlungen, die allerdings mehrfach zerstört und wieder neu gegründet wurden. Zuletzt ist der Gusch Etzion am 14. Mai 1948, am Tag der Staatsgründung, in jordanische Hand gefallen.

Ende der 60er Jahre, als Israel das Gebiet nach dem Sechstagekrieg wieder zurückerobert hatte, kehrten die Kinder und Enkel der ursprünglichen Siedler in den Gusch Etzion zurück und bauten ihn im 20. Jahrhundert zum vierten Male auf.

Efrat ist heute mit etwa 7.000 Einwohnern die größte

Ortschaft in diesem Siedlungsblock, der durch eine breite Straße über Brücken und durch Tunnels mit dem Süden Jerusalems verbunden ist.

2. Ma'ale Adumim: Mit 30.000 Einwohnern ist Ma'ale Adumim die größte Siedlung in den umstrittenen Gebieten. Sie liegt östlich von Jerusalem, in der Wüste Juda. Die Kommunalverwaltung von Ma'ale Adumim erstreckt sich im Osten bis fast nach Jericho.

3. Gusch Talmonim: Entlang der Autobahn 443, die Jerusalem auf schnellstem Wege mit dem Flughafen Ben Gurion verbindet, liegen die Siedlungen Givon, Givat Se'ev, Bet Horon, Re'ut, Makkabim, Haschmonaim, Kirjat Sefer und Modi'in. Gemeinsam mit dem Gusch Etzion im Süden und Ma'ale Adumim im Osten bildet der Gusch Talmonim nach Norden hin eine »Schutzweste«, die die jüdische Identität Jerusalems auch in Zukunft garantieren soll.

4. Ariel: Östlich des Großraums Tel Aviv liegt im Bergland von Samaria die Stadt Ariel mit 20.000 Einwohnern. In wenigen Jahren hat sie ihre Größe verdoppelt. Das moderne Barkan-Industriegebiet und eine Universität geben der Stadt im Herzen Samarias eine besondere Bedeutung.

5. Das Jordantal: Weit verstreut zwischen dem Toten Meer im Süden und Bet Schean im Norden liegen in der Wüste Ost-Samarias eine ganze Reihe von jüdischen Ortschaften entlang der Hauptstraße 90. Bei Tage fallen die sich ausdehnenden grünen Plantagen, bei Nacht die

Lichterketten entlang der jordanischen Grenze auf, die eine für Israel nicht zu unterschätzende strategische Bedeutung haben.

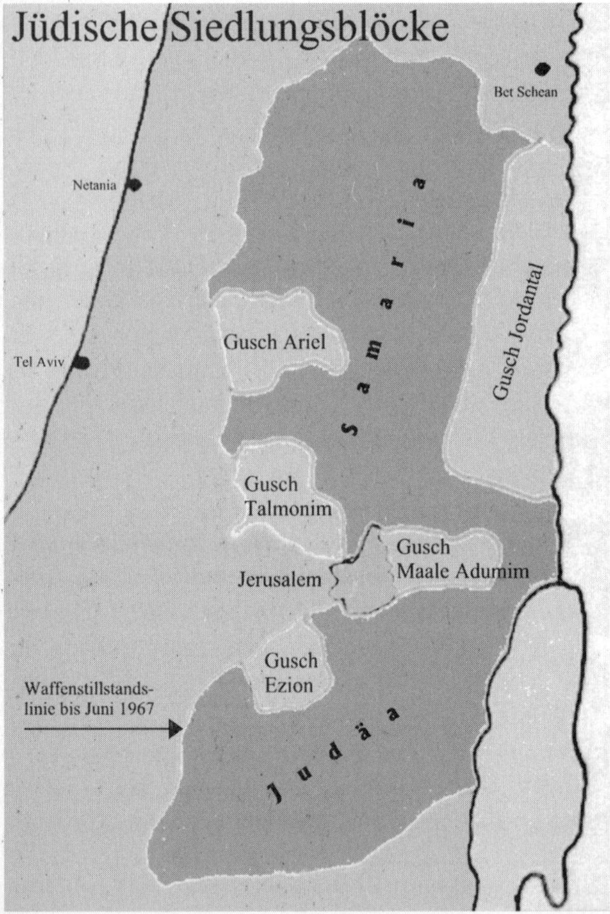

Von 1948 bis 1967 war Jerusalem eine geteilte Stadt, zerrissen von Stacheldraht und Betonbarrikaden. Die Arabische Legion von Transjordanien, dem heutigen haschemitischen Königreich Jordanien, hatte sich 1948 an dem Vernichtungskrieg gegen den jungen Judenstaat beteiligt, konnte dann aber lediglich Judäa, Samaria und den Ostteil der Stadt Jerusalem, inklusive der historischen Altstadt, besetzen.

Diese jordanische Besatzung wurde international nie anerkannt. Nach der UNO-Resolution 181 hätte Jerusalem internationalisiert werden müssen - aber die Araber haben diesen Teilungsbeschluss verworfen. Die erste Teilung des britischen Mandatsgebiets Palästina legte im Jahre 1922 den Jordan als Westgrenze von Transjordanien fest. Westlich davon hätte eigentlich die den Juden versprochene »Heimstätte« gegründet werden sollen, so dass ganz Jerusalem zu dem in der Balfour-Erklärung versprochenen Judenstaat gehört hätte.

Im Juni 1967 hat die israelische Armee Jerusalem erobert, oder besser gesagt, befreit. Seit dem Sechstagekrieg ist Jerusalem wieder eine vereinte Stadt. Im Juni 1980 hat die Knesset im Jerusalem-Gesetz die Stadt zur ewigen und unteilbaren Hauptstadt des Staates Israel erklärt. Von wenigen Ausnahmen abgesehen, hat die Welt Jerusalem als Hauptstadt Israels - was sie übrigens seit 1949 wieder ist - nie anerkannt.

Die Waffenstillstandslinie von 1949, die so genannte »grüne Linie«, ist heute in Jerusalem nicht mehr erkennbar. Lediglich der Unterschied von arabischen und jüdischen Wohngebieten fällt ins Auge.

Seit seiner Wiedervereinigung ist Jerusalem stark gewachsen. Die israelische Weststadt vor 1967 lag auf einer Fläche von 38 Quadratkilometern. Nach dem Krieg waren es 108 Quadratkilometer, und heute bedeckt Jerusalem ein Gebiet von 126 Quadratkilometern.

Auf ehemals jordanisch-besetztem Gebiet sind große jüdische Stadtteile entstanden mit mittlerweile mehr als 100.000 Einwohnern. Aber auch in den arabischen Vierteln wurde viel gebaut. Die arabische Einwohnerschaft ist seit 1967 um 214 Prozent angewachsen, während der jüdische Bevölkerungsteil um 130 Prozent gewachsen ist. Zum Jahresende 2004 hatte die Hauptstadt Israels 706.000 registrierte Einwohner und ist damit die größte Stadt des Landes. 65 Prozent sind Juden, 32 Prozent Muslime und zwei Prozent Christen.

Seit 2004 wird auch Jerusalem wieder durch die israelische Sperranlage geteilt, an manchen Stellen durch eine fast zehn Meter hohe Mauer. Der Anti-Terror-Zaun wurde dabei offensichtlich so geplant, dass auf der Westseite möglichst viele jüdische Einwohner sind und möglichst wenige Araber. Ganz offen geben Stadtplaner zu, dass es darum geht, den jüdischen Charakter der Hauptstadt des Staates Israel zu bewahren.

Jerusalem

geteilte Stadt bis 1967

Neue Stadtteile seit 1967:

Ramot
Newe Jaakov
Pisgat Seev
Giwat Schapira
Ramot Eschkol
Talpiot Misrach
Har Homa
Gilo

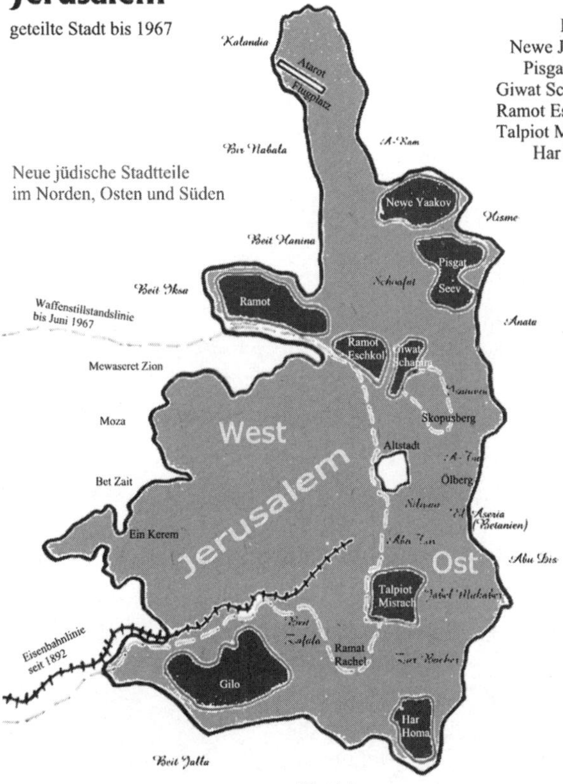

EIN WORT ZUM SCHLUSS

Die Jahrhundertdiskussion um das Land Israel / Palästina wird auch in Zukunft die Gemüter erregen. Die Frage, ob und wie das Land geteilt werden soll, wird nicht nur zwischen Juden und Arabern, sondern auch innerhalb der israelischen Gesellschaft heiß diskutiert. Selbst in Europa und Amerika kommt man um eine Stellungnahme zum Streit um das Heilige Land nicht herum.

Sachlich und fair an der Suche nach einer Lösung für den Nahostkonflikt kann nur teilnehmen, wer die Geschichte kennt. Die hier dargestellten groben Züge und Fakten sind das absolute Minimum. Dabei ist allerdings auch zu bedenken, dass es beim Nahostkonflikt nicht nur um eine Frage der Grenzen oder des Lebensraumes für die dort lebenden Menschen geht.

Die israelisch-jüdische Seite des Konflikts war von Anfang an zu schmerzhaften Kompromissen um des Friedens willen bereit. Nicht erst 1967 hat das israelische Volk seinen Nachbarn »Land für Frieden« geboten, ohne zu bedenken, dass diese Gleichung noch niemals in der Geschichte aufgegangen ist. So hat schon 1938 in München die nachgiebige Haltung der Westmächte auf die Forderung des deutschen Diktators nach mehr Land nicht etwa den erhofften Frieden gebracht, sondern wurde zur Grundlage des furchtbarsten Krieges aller Zeiten.

Der Nahe Osten bietet genug Lebensraum und natürliche Ressourcen für alle Menschen, die dort leben wollen. Solange die durch eine radikale islamische Sicht fanatisierten Araber allerdings de facto jeden Kompromiss von sich weisen und »die Befreiung Palästinas vom Fluss bis zum Meer« zu einer Glaubensfrage machen, bleibt eine friedliche Koexistenz von Juden und Arabern eine Utopie.

Einige arabische Staaten haben die Existenz Israels anerkannt. Voraussetzung für einen echten Frieden in Nahost wäre allerdings, dass die Araber das Recht Israels, als jüdischer Staat zu existieren, nicht nur anerkennen, sondern für dieses Existenzrecht Israels auch bereit sind, einzutreten, wenn es gefährdet ist. Wenn dem jüdischen Volk die Grundangst vor der Endlösung genommen würde, wären Grenzfragen und Landstreitigkeiten schnell geregelt.

Das jüdische Volk war immer bereit, das Land Israel mit Nichtjuden zu teilen. Aber es wird niemals bereit sein, sein Existenzrecht und sein Recht auf Unabhängigkeit zwischen Jordan und Mittelmeer aufzugeben, ganz einfach weil es keine andere Heimat hat. Zweitausend Jahre Diaspora, Verfolgung, Vertreibung und Vernichtung lassen sich ebenso wenig vom Tisch wischen wie die leidvolle Geschichte der vergangenen Jahrzehnte.

hänssler

Haim Heinz Reusch

Israel zwischen Freunden und Feinden

Tb., 110 x 180 mm, 144 S.,
Nr. 393.988, ISBN 3-7751-3988-5

»Mit Israel leben« ist das Motto der Familie Reusch. Über Südamerika führte ihr Weg von der Schwäbischen Alb nach Tiberias. Die meiste Zeit seines Lebens hat Haim Heinz Reusch praktisch Hand angelegt, an der Mittelmeerküste, im Negev und am Ufer des Sees Genezareth. Seit einigen Jahren gibt der Vater von drei erwachsenen Kindern seine Erfahrungen weiter, als Reiseleiter, durch Vorträge und jetzt in diesem Buch. Prägend ist das tägliche Leben im jüdischen Staat, der um seine Existenz und seine Identität kämpft. Dabei schöpft Haim Heinz Reusch aus einem reichen Fundus an Geschichtswissen. Letztendlich kann und will dieses Büchlein aber kein Ersatz dafür sein, Israel selbst auf den Spuren Jesu und an der Seite des jüdischen Volkes zu erleben – eben mit Israel zu leben, gerade auch in schwerer Zeit.

Bitte fragen Sie in Ihrer Buchhandlung nach diesem Buch!
Oder schreiben Sie an den Hänssler-Verlag, D-71087 Holzgerlingen

hänssler

Johannes Gerloff

Jüdische Siedlungen

Tb., 110 x 180 mm, 96 S.,
Nr. 393.837, ISBN 3-7751-3837-4

Bald nach dem Sechstagekrieg 1967 begannen sich Juden in den von Israel eroberten Gebieten anzusiedeln. Die Bibel bezeichnet die heute so heiß umstrittenen Gebiete als Judäa und Samaria. National-religiöse Juden betrachten die Rückkehr in ihre alte Heimat als biblisches Gebot, dass dies überhaupt möglich ist, als Erfüllung uralter Prophetien. Kriegsverbrechen oder Erfüllung biblischer Prophetie – die Diskussion um die Rechtmäßigkeit der jüdischen Siedlungen bewegt sich innerhalb dieses Spektrums. Johannes Gerloff lässt Beteiligte an der Auseinandersetzung selbst zu Wort kommen: Palästinenservertreter und israelische Politiker, jüdische Siedler und säkulare Israelis der Friedensbewegung, politische Führungspersönlichkeiten ebenso wie den »kleinen Mann« vor Ort.

Bitte fragen Sie in Ihrer Buchhandlung nach diesem Buch!
Oder schreiben Sie an den Hänssler-Verlag, D-71087 Holzgerlingen